飞行技术专业系列教材

航空公司运行程序

（第2版）

罗凤娥 李黎莎 曾婧涵◎ 编著
何秋钊◎ 审定

西南交通大学出版社
·成 都·

图书在版编目（CIP）数据

航空公司运行程序 / 罗凤娥，李黎莎，曾婧涵编著
. -- 2 版. --成都：西南交通大学出版社，2023.12
ISBN 978-7-5643-9606-0

Ⅰ. ①航… Ⅱ. ①罗… ②李… ③曾… Ⅲ. ①航空公
司－运营管理 Ⅳ. ①F560.6

中国国家版本馆 CIP 数据核字（2023）第 240132 号

Hangkong Gongsi Yunxing Chengxu（Di 2 Ban）
航空公司运行程序（第 2 版）

罗凤娥　李黎莎　曾婧涵 / 编　著

责任编辑 / 何明飞
封面设计 / 吴　兵

西南交通大学出版社出版发行
（四川省成都市金牛区二环路北一段 111 号西南交通大学创新大厦 21 楼　610031）
营销部电话：028-87600564　028-87600533
网址：http://www.xnjdcbs.com
印刷：四川森林印务有限责任公司

成品尺寸　185 mm × 260 mm
印张　10.5　　字数　253 千
版次　2018 年 11 月第 1 版　　2023 年 12 月第 2 版
印次　2023 年 12 月第 4 次

书号　ISBN 978-7-5643-9606-0
定价　38.00 元

课件咨询电话：028-81435775
图书如有印装质量问题　本社负责退换

FOREWORD

总序

民航是现代综合交通运输体系的有机组成部分，以其安全、快捷、通达、舒适等独特优势确立了独立的产业地位。同时，民航在国家参与经济全球化、推动老少边穷地区发展、维护国家统一和民族团结、保障国防和经济安全、加强与世界不同文明沟通、催生相关领域科技创新等方面都发挥着难以估量的作用。因此，民航业已成为国家经济社会发展的战略性先导性产业，其发达程度直接体现了国家的综合实力和现代化水平。

自改革开放以来，我国民航业快速发展，行业规模不断扩大，服务能力逐步提升，安全水平显著提高，为我国改革开放和社会主义现代化建设做出了突出贡献。可以说，我国已经成为名副其实的民航大国。站在新的历史起点上，在 2008 年的全国民航工作会议上，民航局提出了全面推进建设民航强国的战略构想，拉开了我国由民航大国迈向民航强国的序幕。

要实现民航大国向民航强国的转变，人才储备是最基本的先决条件。长期以来，我国民航业发展的基本矛盾是供给能力难以满足快速增长的市场需求。而其深层次的原因之一，便是人力资源的短缺，尤其是飞行、空管和机务等专业技术人员结构不合理，缺乏高级技术、管理和安全监管人才。有鉴于此，国务院在《关于促进民航业发展的若干意见》中明确指出，要强化科教和人才支撑，要实施重大人才工程，加大飞行、机务、空管等紧缺专业人才的培养力度。

正是在这样的大背景下，作为世界上最大的航空训练机构，作为中国民航培养飞行员和空中交通管制员的主力院校，中国民航飞行学院以中国民航可持续发展为己任，勇挑历史重担，结合自身的办学特色，整合优势资源，组织编写了这套“空中交通管理系列教材”，以解当下民航专业人才培养的燃眉之急。在这套教材的规划、组织和编写过程中，教材建设团队全面贯彻落实《国家中长期教育改革和发展规划纲要（2010—2020年）》，以培养适应民航业岗位需要的、具有“工匠精神”的应用型高素质人才为目标，创新人才培养模式，突出民航院校办学特色，坚持“以飞为主，协调发展”的方针，深化“产教融合、校企合作”，强化学生实践能力培养。同时，教材建设团队积极推进课程内容改革，在优化专业课程内容的基础上，加强包括职业道德、民航文化在内的人文素养教育。

由中国民航飞行学院编写的这套教材，高度契合民航局颁布的空中交通管制员执照理论考试大纲及知识点要求，对相应的内容体系进行了完善，从而满足了民航专业人才培养的新要求。可以说，本系列教材的出版恰逢其时，是一场不折不扣的“及时雨”。

由于空中交通管理专业涉及的知识点多，知识更新速度快，因此教材的编写是一项极其艰巨的任务。但令人欣喜的是，中国民航飞行学院的教师们凭借严谨的工作作风、深厚的学术造诣以及坚韧的精神品质，出色地完成了这一任务。尽管这套教材在模式创新方面尚存在瑕疵，但仍不失为当前民航人才培养领域的优秀教材，值得大力推广。我们相信，这套教材的出版必将为我国民航人才的培养做出贡献，为我国民航事业的发展做出贡献！

是为序。

中国民航飞行学院
教材编写委员会
2016年7月1日

PREFACE

第 2 版 前 言

“航空公司运行程序”是飞行技术专业的专业选修课，也是在专业基础理论与基本技能培养方面起支撑作用的重要课程。该课程主要任务是让学生系统地掌握航空公司运行程序的基本原则，了解航空公司运行的基本程序和方法，掌握民航规章和航空公司手册对运输航空飞行员的管理要求，在不同的情形下，有效地利用签派知识，为保障飞行安全、提高民航效益服务。本课程主要讨论了航空公司的组织结构、大型飞机公共航空运输规则、机组管理和航空器管理的相关要求及航空公司运行控制的组织和开展，为飞行技术专业学生今后的飞行工作打好必要的理论基础。

本教材以 CCAR121-R7《大型飞机公共航空运输承运人运行合格审定规则》为基础，结合国内外多部相关的民航法规及航空公司实际运行程序，参考局方咨询通告，借鉴航空公司一线运行经验，并结合编者多年从事飞行签派理论与实践教学经验编写而成。同时，充分研究了航线运输驾驶员考试大纲相关法规要求，使本教材涉及的法规条款覆盖理论考试的相关内容。

本教材由中国民航飞行学院空中交通管理学院罗凤娥、李黎莎、曾婧涵完成编写，在编写过程中得到了空中交通管理学院、航空公司飞行部和运行控制中心的大力支持和帮助，在此表示感谢！

本书涉及面广，编者经验有限，航空公司运行控制不断发展，书中难免存在错漏和不妥之处，欢迎读者批评指正。

编　者
中国民用航空飞行学院
2023 年 7 月

PREFACE

第 1 版前言

运行控制是指合格证持有人使用用于飞行动态控制的系统和程序，对某次飞行的起始、持续和终止行使控制权的过程，包括飞行前的准备、航班的签派放行、全程的飞行监控等。航空公司实施运行控制可保证公司以高效低成本完成预定的航班飞行计划并满足飞行安全，有效地符合局方各项规章和航空公司的运行手册要求。

本书以 CCAR-121-R4 部《大型飞机公共航空运输承运人运行合格审定规则》和航空公司运行控制业务和工作程序为基础，结合多部相关的民航法规及航空公司实际运行程序，参考局方咨询通告和各航空公司的运行手册和运行规范，并结合编者多年从事飞行签派理论与实践教学经验编写而成。

书中讨论了有关航空公司运行程序中涉及的诸多问题。全书分为五章：第一章介绍了航空公司航空承运人合格证申请审定、航空公司组织结构、《大型飞机公共航空运输承运人运行合格审定规则》的使用范围和主要内容；第二章介绍了航空公司对机组成员的管理要求，包括机组成员的合格要求、训练要求、健康管理和执勤时间限制；第三章介绍了机组在各飞行阶段的运行流程，包括飞行预先准备、飞行直接准备、飞行实施、飞行后讲评；第四章介绍了签派放行的规定、不同运行下的签派放行、运行最低标准、备降机场的选择要求和燃油政策；第五章介绍了飞行监控的要求和飞行监控的通信手段与程序。同时，每一章的内容均涵盖了 ATPL 考点，并对这些考点进行了讲解说明。

本书由中国民航飞行学院空中交通管理学院罗凤娥、李黎莎编著。在本书的编写过程中得到空中交通管理学院、航空公司飞行部和运行控制中心同仁的大力支持和帮助，在此表示感谢！

由于本书涉及面广，编者经验有限，书中难免存在疏漏和不妥之处，恳请广大读者批评指正。

编　者

2018 年 6 月

CONTENTS

目录

第一章 航空公司资格审定和组织结构

航空公司是利用航空器从事运输生产的企业。公共航空运输企业，是指以营利为目的，使用民用航空器运送旅客、行李、邮件或者货物的企业法人。设立公共航空运输企业，应当向国务院民用航空主管部门申请领取经营许可证，并依法办理工商登记。

设立公共航空运输企业，应当具备下列条件：

（1）有符合国家规定的适应保证飞行安全要求的民用航空器；

（2）有必需的依法取得执照的航空人员；

（3）有不少于国务院规定的最低限额的注册资本；

（4）法律、行政法规规定的其他条件。

公共航空运输企业应当以保证飞行安全和航班正常，提供良好服务为准则，采取有效措施，提高运输服务质量。公共航空运输企业应当教育和要求本企业职工严格履行职责，以文明礼貌、热情周到的服务态度，认真做好旅客和货物运输的各项服务工作。旅客运输航班延误的，应当在机场内及时通告有关情况。

公共航空运输企业申请经营定期航班运输的航线，暂停、终止经营航线，应当报经国务院民用航空主管部门批准。公共航空运输企业经营航班运输，应当公布班期时刻。

第一节 大型飞机公共航空运输承运人运行合格审定规则（CCAR-121）

一、目的和依据

为了对大型飞机公共航空运输承运人进行运行合格审定和持续监督检查，保证其达到并保持规定的运行安全水平，根据《中华人民共和国民用航空法》和《国务院对确需保留的行政许可项目设定行政许可的决定》制定了《大型飞机公共航空运输承运人运行合格审定规则》（CCAR-121）。

二、适用范围

适用于在中华人民共和国境内依法设立的航空运营人实施的下列公共航空运输运行：

（1）使用最大起飞全重超过 5 700 kg 的多发飞机实施的定期载客运输飞行；

（2）使用旅客座位数超过 30 座或者最大商载超过 3 400 kg 的多发飞机实施的不定期载客运输飞行；

（3）使用最大商载超过 3 400 kg 的多发飞机实施的全货物运输飞行。

三、运行种类

对于按照 CCAR-121 部审定合格的大型飞机公共航空运输承运人，中国民用航空局授权相关的民航地区管理局按照审定情况在其运行合格证和运行规范中批准其实施下列一项或者多项运行种类的运行：

（1）国内定期载客运行，是指符合适用范围中第（1）项规定，在中华人民共和国境内两点之间的运行，或者一个国内地点与另一个由局方专门指定、视为国内地点的国外地点之间的运行；

（2）国际定期载客运行，是指符合适用范围中第（1）项规定，在一个国内地点和一个国外地点之间，两个国外地点之间，或者一个国内地点与另一个由局方专门指定、视为国外地点的国内地点之间的运行；

（3）补充运行，是指符合适用范围中第（2）、（3）项规定的运行。

按运行范围：国内、国际、补充运行。

按运行机型：涡喷、螺旋桨发动机。

按运行性质：客运、货运。

按运行频率：定期、非定期。

四、境外运行规则

大型飞机公共航空运输承运人在中国境外运行时，应当遵守《国际民用航空公约》附件二《空中规则》和所适用的外国法规。在《民用航空器驾驶员合格审定规则》（CCAR-61）、《一般运行和飞行规则》（CCAR-91）和《大型飞机公共航空运输承运人运行合格审定规则》（CCAR-121）的规定严于上述附件和外国法规的规定并且不与其发生抵触时，还应当遵守 CCAR-61、CCAR-91 和《大型飞机公共航空运输承运人运行合格审定规则》（CCAR-121）的规定。

五、CCAR-121 部简介

CCAR-121 的主要内容可划分为以下几个部分：

第一部分：A 章—— 总则，B 章—— 运行合格审定的一般规则，C 章—— 管理运行合格证持有人的一般规定。

第二部分：E 章—— 国内、国际定期载客运行的航路的批准，F 章—— 补充运行的区域和航路批准。

第三部分：G 章—— 手册的要求。

第四部分：H 章—— 飞机的要求，I 章—— 飞机性能使用限制，J 章—— 特殊适航要求，K 章—— 仪表和设备要求，L 章—— 飞机维修。

第五部分：M 章—— 机组成员和其他航空人员的要求，N 章—— 训练大纲，O 章—— 机组成员的合格要求，P 章—— 机组成员值勤期限制、飞行时间限制和休息要求，Q 章—— 飞行签派员的合格要求和值勤时间限制，R 章—— 高级训练大纲。

第六部分：S 章—— 特殊运行，T 章—— 飞行运作，U 章—— 签派和飞行放行，V 章—— 记录和报告。

第七部分：W 章—— 延程运行与极地运行。

第八部分：X 章—— 应急医疗设备和训练。

第九部分：Y 章—— 罚则，Z 章—— 附则。

第二节 航空承运人合格证申请审定

航空承运人是航空公司的法人代表。民航局对大型飞机公共航空运输承运人的合格审定和运行实施统一监督管理。民航局飞行标准职能部门依据 CCAR-121 部《大型飞机公共航空运输承运人运行合格审定规则》组织指导大型飞机公共航空运输承运人的运行合格审定和持续监督检查工作，制定必要的工作程序，规定运行合格证、运行规范及其申请书的统一格式。

民航地区管理局负责对其所辖地区内设立的大型飞机公共航空运输承运人实施运行合格审定，颁发运行合格证和运行规范，并及时向民航局飞行标准职能部门备案。

民航地区管理局按照预先申请、正式申请、文件审查、演示验证和发证五个步骤进行审查。

一、运行合格证的颁发条件

航空公司经过民航局审查后，符合下列全部条件，可以取得大型飞机公共航空运输承运人运行合格证和相应的运行规范：

（1）满足 CCAR121-R7 部和中国民用航空规章所有适用条款的要求。

（2）按照中国民用航空规章的规定，配备了合格和足够的人员、设备、设施和资料，并且能够按照本规则的规定及其运行规范实施安全运行。

（3）符合安全保卫相关的中国民用航空规章的要求。

如果民航局发现申请人具有下列情形之一的，不予颁发运行合格证：

（1）申请人没有配备合格的或者足够的人员、设备、设施和资料，或者不能按照有关民用航空规章实施安全运行。

（2）申请人没有配备合格的或者足够的人员、设备、设施和资料，或者不能按照有关涉及民航管理的规章实施安全运行。

（3）申请人或者对经营管理有控制权的人员，存在严重失信行为记录的。

（4）申请人安排或者计划安排担任主要管理职位的人员，存在严重失信行为记录的。

二、运行合格证和运行规范的内容

1. 运行合格证

运行合格证是对航空承运人审定合格、批准运行的证明。大型飞机公共航空运输承运人运行合格证包含下列内容（见图 1-1）：

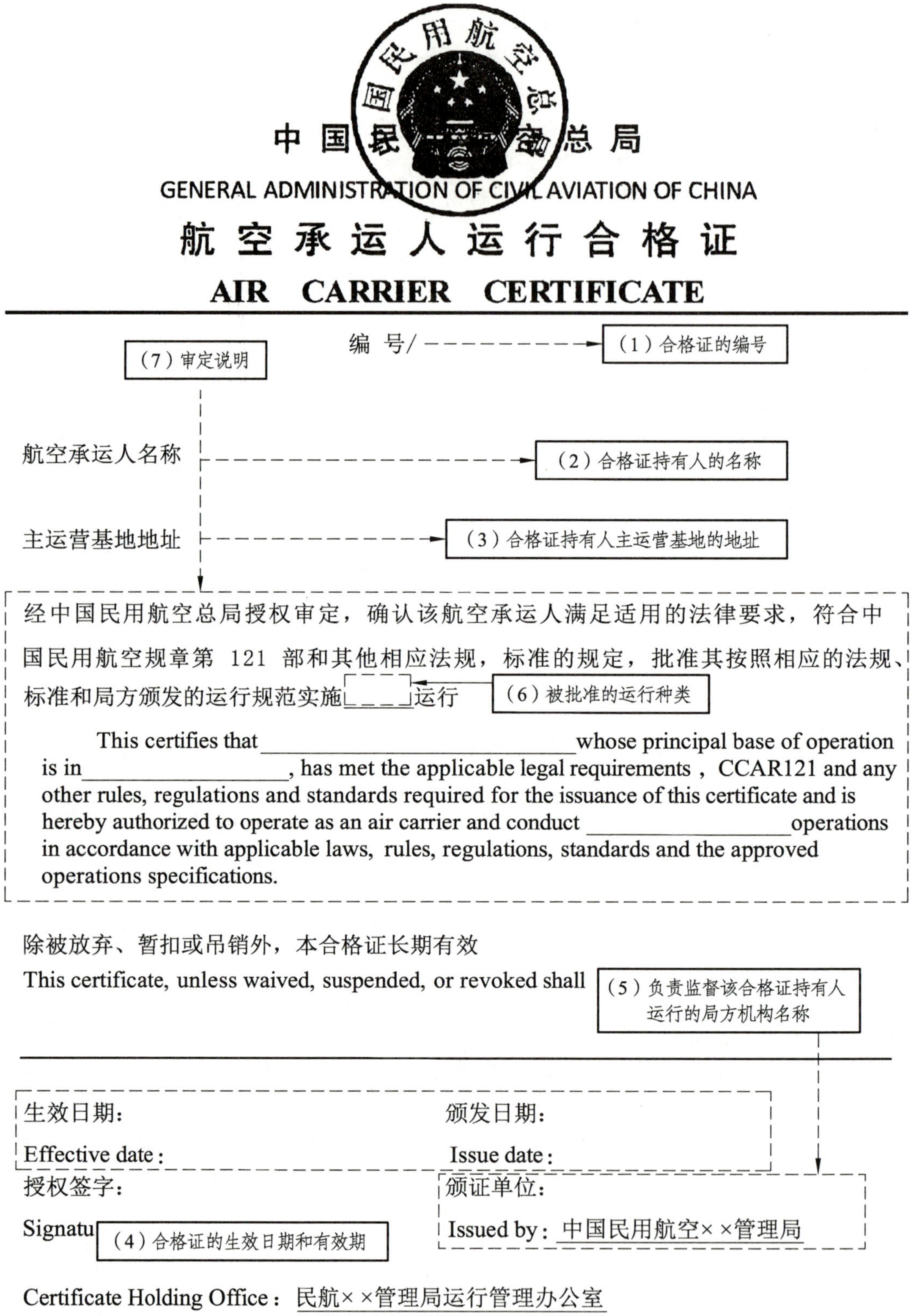

中国民用航空总局

GENERAL ADMINISTRATION OF CIVIL AVIATION OF CHINA

航空承运人运行合格证

AIR CARRIER CERTIFICATE

编 号/ →（1）合格证的编号

（7）审定说明

航空承运人名称 →（2）合格证持有人的名称

主运营基地地址 →（3）合格证持有人主运营基地的地址

经中国民用航空总局授权审定，确认该航空承运人满足适用的法律要求，符合中国民用航空规章第 121 部和其他相应法规，标准的规定，批准其按照相应的法规、标准和局方颁发的运行规范实施____运行 ←（6）被批准的运行种类

This certifies that ____________ whose principal base of operation is in ____________, has met the applicable legal requirements，CCAR121 and any other rules, regulations and standards required for the issuance of this certificate and is hereby authorized to operate as an air carrier and conduct ____________ operations in accordance with applicable laws, rules, regulations, standards and the approved operations specifications.

除被放弃、暂扣或吊销外，本合格证长期有效

This certificate, unless waived, suspended, or revoked shall

（5）负责监督该合格证持有人运行的局方机构名称

生效日期： 颁发日期：

Effective date： Issue date：

授权签字：

Signatu（4）合格证的生效日期和有效期

颁证单位：

Issued by：中国民用航空× ×管理局

Certificate Holding Office：民航× ×管理局运行管理办公室

图 1-1 航空承运人运行合格证示例

（1）合格证持有人的名称。

（2）合格证持有人主运营基地的地址。

（3）合格证的编号。

（4）合格证的生效日期和有效期。

（5）负责监督该合格证持有人运行的局方机构名称和联系方式。

（6）被批准的运行种类。

（7）说明经审定，该合格证持有人符合本规则的相应要求，批准其按照所颁发的运行规范实施运行。

2. 运行规范

运行规范是局方对航空器承运人运行条件的授权和限制，是指与合格证相对应的附件。

大型飞机公共航空运输承运人运行规范分为以下 4 个部分：

A 部：总则

B 部：航路批准、限制和程序

C 部：终端区仪表程序和机场的批准和限制

D 部：航空器维修

三、运行合格证和运行规范的检查

合格证持有人应当将其运行合格证和运行规范保存在主运营基地，并能随时接受局方的检查，合格证持有人的飞机上应携带运行合格证及其运行规范复印件。

运行规范标准格式示例如图 1-2 所示，运行规范内容示例见表 1-1。

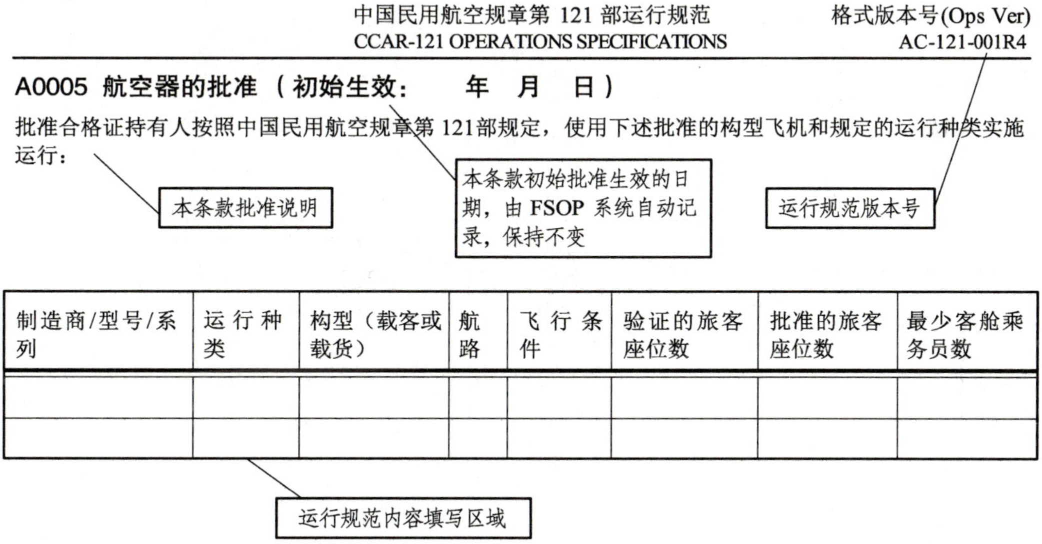
中国民用航空规章第 121 部运行规范　　格式版本号(Ops Ver)
CCAR-121 OPERATIONS SPECIFICATIONS　　AC-121-001R4

A0005 航空器的批准（初始生效：　年　月　日）

批准合格证持有人按照中国民用航空规章第 121部规定，使用下述批准的构型飞机和规定的运行种类实施运行：

制造商/型号/系列	运行种类	构型（载客或载货）	航路	飞行条件	验证的旅客座位数	批准的旅客座位数	最少客舱乘务员数

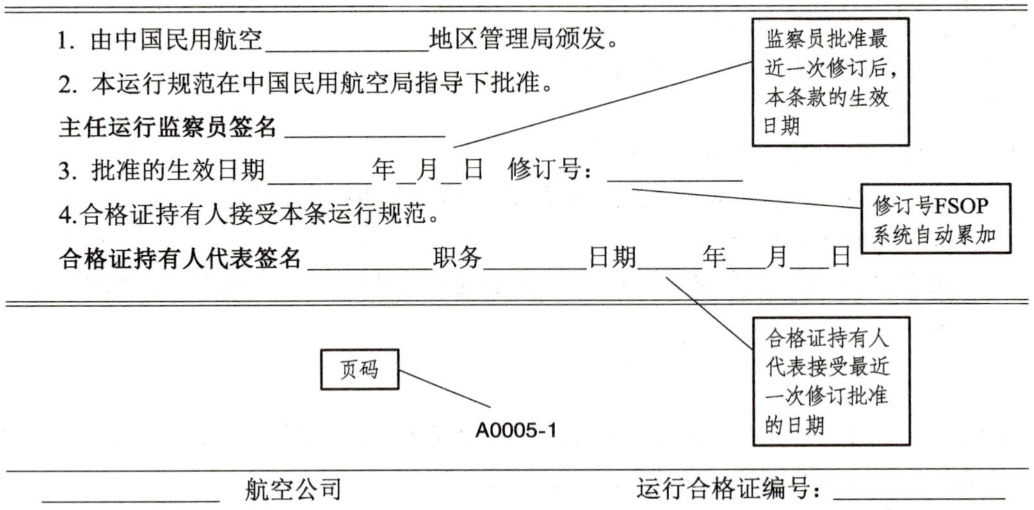

图 1-2 运行规范标准格式示例

表 1-1 运行规范的内容示例

运行规范 OPERATIONS SPECIFICATIONS：			
A 部：总则			
A0001	颁发和适用范围	A0051	航空器湿租协议
A0003	定义和缩写	A0053	航空器互换协议
A0005	航空器的批准	A0055	121 部补充运行
A0007	特殊批准和限制综述	A0057	合格证持有人安排训练中心、机构和/或其他组织为其提供训练的批准
A0009	豁免和偏离	A0061	小规模 135 部运营人
A0011	管理人员	A0063	仅限非定期载客和全货运行的小规模 135 部运营人
A0013	其他指定人员	A0065	单机长运营人（不适用）
A0015	运行控制	A0067	单驾驶员运营人（不适用）
A0017	机场资料	A0069	使用自动驾驶仪代替要求的副驾驶（不适用）
A0019	气象资料	A0071	批准 135 部飞机运营人进行的起飞前污染检查（不适用）
A0021	手提行李程序	A0073	批准 135 部航空器运营人无除冰/防冰程序的运行（不适用）
A0023	国内定期 121 部承运人到特定国外（地区）机场的国内运行	A0075	135 部仪表飞行规则单发载客运行（不适用）
A0025	不配备部分应急设备的 121、135 部运行	A0077	对进入驾驶舱人员的查证
A0027	非管制空域特殊航路 IFR 运行	A0081	自动相关监视广播（备用）

续表

A0029	合并运行	A0083	管制员驾驶员之间的数据链通信（备用）
A0031	合并运行过渡期	A0085	实际重量大纲-所有航空器（备用）
A0035	直升机定期载客运行	A0087	小客舱航空器旅客和行李重量控制大纲（不适用）
A0039	空中救护运行-直升机	A0089	中客舱航空器旅客和行李重量大纲（不适用）
A0041	出口座位的安排	A0091	大客舱航空器旅客和行李重量大纲
A0043	地面除冰/防冰程序	A0093	紧急适航指令接收要求
A0045	空中救护运行-135部飞机	A0095	防麻醉品和酒精滥用方案
A0047	电子记录保持系统和/或电子飞行包	A0097	危险品航空运输（备用）
A0049	着陆和等待运行	A0099	重量与平衡控制程序
B部：航路批准、限制和程序			
B0001	飘降或放油	B0027	121部双发飞机延伸航程运行（备用）
B0005	航路运行区域	B0029	国际运行中的特殊燃油储备（备用）
B0007	航路限制和规定	B0031	航路上有计划的重新签派或重新放行
B0011	使用区域导航系统在仪表飞行规则下进行航路和终端区Ⅰ级导航	B0033	使用单套远程通信系统进行延伸跨水运行（备用）
B0013	在高空管制区使用区域导航系统或远程导航系统的Ⅰ级导航	B0035	在缩小垂直最少间隔空域的运行
B0015	使用多套远程导航系统的Ⅱ级导航	B0037	批准使用飞行领航员实施Ⅱ级导航（备用）
B0017	在太平洋中、东部复合空域的运行（备用）	B0039	批准的航路运行区域、限制和规定
B0019	在北太平洋空域的运行（备用）	B0041	121部航路目视飞行规则、限制和规定（备用）
B0021	在北大西洋最低导航性能规范空域的运行（备用）	B0045	使用单套远程导航系统的Ⅱ级导航
B0023	在磁不可靠区的运行（备用）	B0047	北极运行（备用）
B0025	121部双发飞机北大西洋运行（备用）	B0049	加拿大最低导航性能空域运行（备用）
C部：终端区仪表程序和机场的批准与限制			
C0003	需特殊机长资格的机场	C0035	特定机场的特殊批准、规定和限制（备用）
C0005	终端区仪表飞行程序	C0039	批准定期运行的机场

续表

C0007	基本的仪表进近程序批准－所有机场	C0041	起飞后和初始爬升中自动驾驶仪接通－自动飞行引导系统运行
C0009	IFR 进近程序和着陆最低标准－所有机场	C0043	具有批准的 10 min 起飞推力时间限制的发动机失效离场程序
C0011	仪表进近程序和仪表飞行规则着陆最低标准的特殊限制与规定	C0045	使用垂直导航（VNAV）的 IFR 进近程序（备用）
C0013	备降机场仪表飞行规则天气最低标准	C0047	Ⅰ类 ILS、MLS 或 GLS 进近程序和着陆最低标准－所有机场
C0015	仪表飞行规则起飞最低标准，121 部飞机运行－所有机场	C0049	目视盘旋进近着陆最低标准
C0017	仪表飞行规则起飞最低标准，135 部飞机运行－所有机场（不适用）	C0051	非精密进近和Ⅰ类精密进近着陆最低标准——目视能见进近
C0019	国外终端区仪表飞行程序的特殊限制（备用）	C0053	终端区目视飞行规则、限制和规定
C0021	Ⅱ类仪表进近和着陆运行（备用）	C0055	IFR 低于标准起飞最低标准，121 部飞机运行– 所有机场（备用）
C0023	Ⅲ类仪表进近和着陆运行（备用）	C0057	IFR 低于Ⅰ类的起飞最低天气标准-135 部飞机运行（不适用）
C0025	用于Ⅱ、Ⅲ类以外自动着陆运行的飞行控制引导系统（备用）	C0059	特殊非 CCAR97 部仪表进近或离场程序（备用）
C0027	经审定用于Ⅱ、Ⅲ类以外着陆运行的人工飞行控制引导系统（备用）	C0061	使用 RNP RNAV 系统实施 RNP RNAV SAAAR 第Ⅰ类仪表进近（备用）
C0029	使用区域导航系统实施公布的 RNAV 仪表进近	C0063	使用被批准的 RNP RNAV 飞机系统实施 RNP RNAV SAAAR 第Ⅱ类仪表进近（备用）
C0033	飞机倒滑运行（不适用）	C0065	在Ⅰ类仪表着陆系统设施上实施经特殊批准的Ⅱ类运行（备用）
D 部：航空器维修			
D0001	机构和人员	D0015	最低设备清单
D0003	航空器清单	D0017	协议使用维修方案
D0005	维修工程管理手册	D0019	协议加入可靠性管理体系 D0021 协议维修单位
D0007	培训大纲	D0023	航材共享协议
D0009	航空器维修方案	D0027	特殊运行航空器的维修
D0011	航空器检查大纲	D0029	湿租航空器的维修
D0013	可靠性方案		
对于不适用和目前还没有使用的条款，航空公司在编写时在相应条款部分注明（不适用）和（备用）			

第三节 航空公司运行手册

一、运行手册（Operation Manual）

《运行手册》是公司实施运行管理的依据。它主要规定了公司的运行政策、标准和工作程序。公司运行管理人员、机组和运行相关人员必须严格遵照执行。

下面以某航空公司手册根据审批权限分为 4 个层级举例：

第一层级：

《运行手册》作为公司运行总政策，是公司依据 CCAR121 等规章、结合实际情况编写的运行管理政策性手册，规定了公司运行标准、政策和程序，规范和明确了公司运行实施的操作规程，是各部门实施运行的重要依据。

第二层级：

需由公司领导签批后报局方批准的手册，如《工程手册》《航空安全管理手册》《特殊运行手册》《载重平衡手册》《航站运行手册》各机型的《维修方案》《最低设备清单》等。

第三层级：

（1）需要公司领导签批的手册，如《航空安全管理标准》《机场分析手册》等。

（2）经公司领导签批后，由局方认可或向局方报备的手册，如《危险品应急反应手册》《国内货物运输手册》等。

第四层级：

各部门总经理签批，在本部门内部使用的手册，如《运行质量管理部管理手册》《营销委员会管理手册》等。

《运行手册》主要内容结构包含：手册的控制与管理；飞行运行控制政策和安全方针；组织机构与管理职责；主要运行人员的资格和要求；飞机和机坪运作；签派；飞行运行；最低天气标准；飞行高度规则；通信；旅客、货物与载重平衡；飞行安全与保障；紧急情况应急程序；记录与报告。其内容如表 1-2 所示。

表 1-2 《运行手册》的内容示例

第一部分 前言	
目的	依据
适用范围	手册的构成
手册的管理	手册持有人的职责
手册的修订	
第二部分 组织机构与职责	
管理人员	运行机构图
运行质量管理部机构图与职责	航空安全技术部机构图与职责
运行控制部门机构图与职责	飞行部门机构图与职责
机务工程部机构图与职责	训练部门机构图与职责
客舱服务部运行机构图与职责	保卫部门运行机构图与职责
保卫部门运行机构图与职责	

续表

第三部分　运行政策	
宗旨	方针
运行准则	运行控制的责任
监察、检查和审计	运行规范
运行文件和记录管理	
第四部分　运行、机组成员	
资格与责任	值勤、休息时间
健康	机组派遣
机组人员行为举止	
第五部分　训练与执照	
训练总则	飞行检查员和教员资格和职责
飞行和训练记录	飞行人员训练分类
客舱乘务人员训练	航空安全员训练
机务维护人员训练	飞行签派员的训练
执照、资格证	
第六部分　运行标准	
目视飞行	仪表飞行
起飞和着陆时风的限制	燃油政策
机场分类（备用）	
第七部分　运行控制程序	
运行控制依据	运行控制系统
运行计划管理程序	航班飞行动态管理程序
签派放行/监控程序	飞行签派员排班和交班
航空气象	航行情报
飞行计划（FPL）	飞机性能
最低设备清单与缺件放行清单（MEL/CDL）	
第八部分　现场管理	
公司基地现场管理	航站现场管理
地面服务保障	停机坪安全管理
飞机加油程序	
第九部分　载重平衡计划	
定义	载重平衡及相关部门责任
载重平衡原则	航班载重平衡程序
第十部分　客舱管理	
责任	旅客的登机
旅客进入客舱的最低着装标准	旅客被拒绝进行空中旅行的规定
醉酒或中毒的旅客	残疾旅客
用担架的旅客	陪同的医护人员
宠物、导盲和助听犬	无人陪伴儿童
婴幼儿的载运	出口座位的安排

续表

旅客升舱	旅客安全简介
旅客广播	推荐的广播时机
延误通知	在旅客面前讨论飞行问题
旅客告示	客舱巡视
飞行机组成员在客舱中休息	公司职员搭乘飞机
飞行期间对旅客的约束	机长约束旅客的权力
客舱中旅客违法吸烟的处置程序	盗窃或企图盗窃机上物品的处理
飞行中发生暴力事件的处理	关于飞行中暴力事件处理的附加建议
处理飞行暴力事件中各部门的职责	手提行李
客舱缺陷的监视	客舱内大件物品的固定
飞机地面移动、起飞和着陆期间食品、饮料和服务设施的固定	旅客可带入客舱的危险品
客舱安全管理	
第十一部分 飞行运行	
总则	记录与保存
故障报告及维修	机组正常加油规定
机载气象雷达的使用	检查单
标准喊话	最后进近阶段偏差时的喊话
起飞推力确定	自动驾驶仪的使用要求
飞行操纵与控制	飞行监视
执行特殊机场任务	稳定进近
无线电高度表的使用	在基地外（国内）过夜应遵守的规定
境外过夜规定	国际（地区）飞行出入境手续
推出标准通话程序	使用内话系统起动发动机的程序
简令	减噪音程序
避开尾流颠簸	高度表拨正程序
平行跑道实施程序	等待
非正常运行	紧急情况
恶劣天气运行	驾驶舱管理
飞行准备	实施阶段
航行后总结讲评阶段	
第十二部分 特殊运行程序	
双发延程运行（ETOPS）	缩小垂直间隔运行（RVSM）
计划二次放行	极地运行
地面除冰/防冰大纲	
第十三部分 通信	
总则	陆/空通信
无线电通信失效程序	公司频率的使用
机组间的通信联络	紧急通信程序
第十四部分 活物运输	
定义	机组的通知和保留证明

续表

活物运输的有关规定	动物运输标准
第十五部分　危险品/危险货物/特殊物品的运输	
危险物品的分类	危险物品的运输程序
由危险品运输引起的紧急程序	
第十六部分　安全管理	
公司航空安全委员会	事件标准
飞行差错条款	飞行记录器的取下的要求
QAR 方针	航空安全信息管理
第十七部分　应急处置程序	
应急处置程序的启动	应急处置机构
应急处置有关单位和人员的职责	应急处置原则
应急处置报告单	
第十八部分　空防安全（安全保卫）	
安全保卫管理	安全保卫工作的组织领导
公司保卫工作机构设置	主管副总裁安全保卫工作职责
旅客运输安全控制	货物运输安全控制
飞机的安全	职责
非法干扰行为处置	处置突发事件掌握的原则及策略
乘坐民航班机免检范围	押解犯罪嫌疑人乘坐民航班机安全措施
承运精神病人的安全措施	遣返旅客乘机安全控制
限制乘机的旅客	飞机清舱
严禁利用飞机捎带违反规定的物品	空防安全监督检查制度
空防安全事故的报告	

二、最低设备清单（Minimum Equipment List，MEL）

《最低设备清单》是由中国民航局确定的在特定运行条件下可以不工作，但仍能保持可接受的安全水平的设备清单，包含这些设备不工作时航空器运行的条件、限制和程序。最低设备清单经中国民航局批准后，允许航空器在规定条件下，所列设备不工作时继续运行。示例见附录 B。

三、构型偏离清单（Configuration Deviation List，CDL）

《构型偏离清单》是拟在 CCAR-121 部下使用的经过合格证审定的航空器，可以在机体结构和发动机部件缺少的情况下运行。构型偏离清单的批准是根据对型号合格证修正得到的。示例见附录 B。

四、飞机飞行手册（Airplane Flight Manual，AFM）

《飞机飞行手册》是飞机的原始适航文件，提供飞机的使用限制、飞机性能数据、飞行程序等。合格证持有人对其使用的每一型号飞机，应当保持现行有效的经局方批准的飞机飞行手册。

五、飞机机组操纵手册（Flight Crew Operating Manual，FCOM）

《飞机机组操纵手册》是飞行机组操作飞机的支持文件，为飞行机组提供了某机型飞机在所有预计航线飞行过程中安全有效地操纵飞机所必需的技术、操作限制、操作程序、性能和系统说明。

其内容可分为 4 册：

第一册 —— 系统新书介绍（介绍飞机各系统）

第二册 —— 飞行准备（性能资料及配载数据）

第三册 —— 飞行操作（操作程序、技术和性能资料）

第四册 —— FMGS 飞行员指南（FMGS 使用程序）

六、快速检查单（Quick Reference Handbook，QRH）

为飞行机组提供在正常情况下驾驶飞机和处理非正常情况时所需快速参考的资料，飞机制造厂商可根据飞机飞行手册（AFM）编制快速检查单，以减缩的形式建立安全有效地操纵飞机的最低程序和动作。

第四节 航空公司组织结构

航空公司（承运人）为保证本公司的飞行安全、高效地运行，必须建立航空公司的运行体系及其政策，实施公司规定的运行程序和方针政策，为航空公司安全飞行提供有力的保障。作为航空公司的飞行员和运行人员都必须熟悉航空公司运行政策和体系，还应当熟悉民航法规体系、运行手册体系的组成以及公司运行控制的核心业务流程，才能更好地履行相应的职责。

一、航空公司运行政策及目标

航空公司的政策及目标是航空公司总的指导思想，一切都将围绕其工作。因此，一个公司的政策和目标直接影响该公司的生存与发展。

中国民航局要求我国民航所有航空公司都要以“保证安全第一、改善服务工作、争取飞行正常”作为总的指导方针，制定出适合自己公司的政策和目标。制定的政策应包含：安全第一、旅客舒适、高效率、高效益等内容。

二、航空公司的运行原则

公司在整个运行过程中实行“安全第一、预防为主”的安全工作方针，在航班运行过程中，所有参与运行的工作人员，必须遵守安全的原则。

在履行职责时，必须首先考虑安全，在保证安全的前提下，努力争取航班正常、优质服务和最佳经济效益。

运行作业和管理必须以相应的中国民用航空规章和公司的政策、规章及运行手册的规定为基本依据。对公司实施的国际运行，必须遵守当地的空中交通规则和当地机场规则。当中国民用航空规章的要求更为严格且不违反该国有关规则时，则以适用的中国民用航空规章为准。

按标准化、程序化、规范化管理要求实施运行作业与管理，杜绝因人为因素造成的工作差错威胁作业和飞行安全。

参与公司运行与管理的每一员工，必须接受对应的岗位培训，并取得相应的资格，方可安排上岗工作。公司通过严格执行规定的持续培训和监督检查工作，以保证在岗人员持续合格于履行其职责要求的资格水平。

三、航空公司的运行体系

为保证公司实现安全、高效、规范的运行，公司建立与公司运营环境相适应的高效、务实的行政体系，并在此基础上形成了完整、严密的运行体系。公司的运行体系由主管运行的副总经理在公司总飞行师的协助下，领导公司的运行机关部门对整个公司的运行工作实施管理。公司运行中的保障实施工作则由运行体系中的一线部门承担，在运行体系中，各业务职能部门组成有层次的结构。公司在外站的运行由公司的相关部门通过与当地的有关单位签订代理协议来提供相应的保障，代理单位在实施公司航班保障时，遵守公司的相关手册规定。航空公司因其规模和体系设置的差异，每一个公司的组织结构并不完全相同，某公司的运行机构系统如图 1-3 所示。

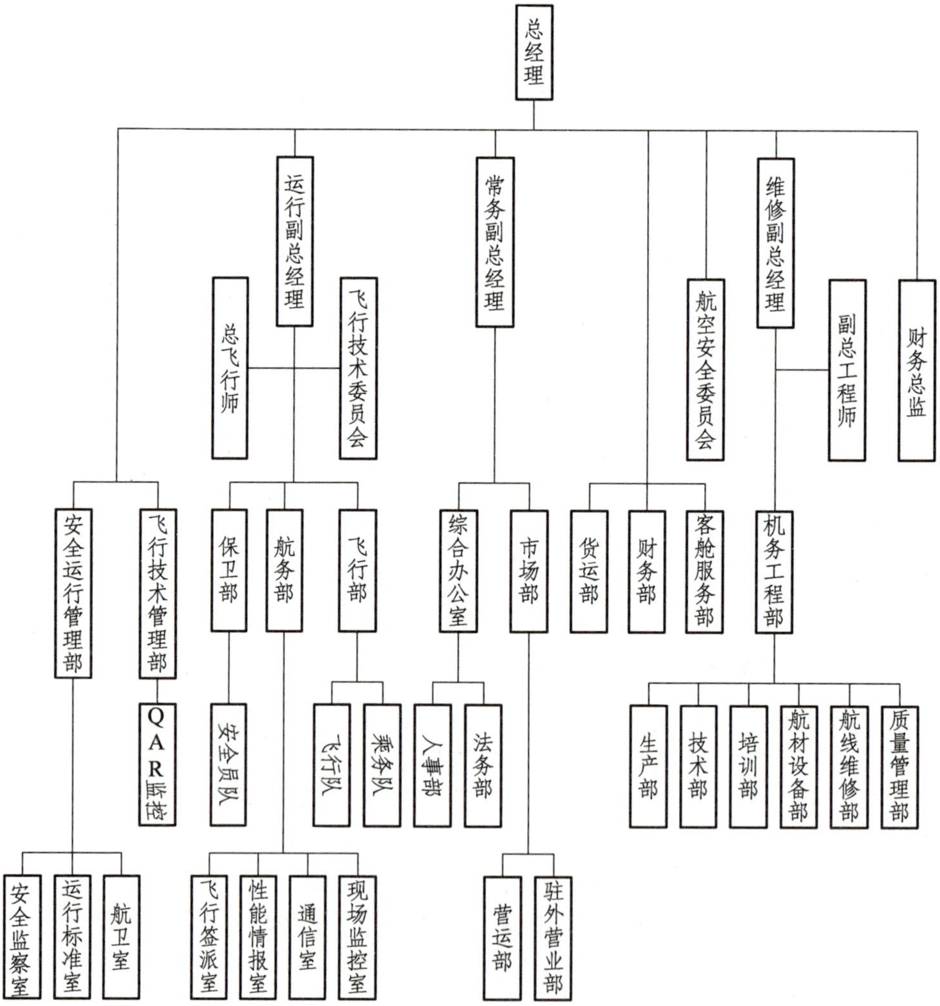

图 1-3 某航空公司运行机构系统示例

四、按照 CCAR-121 部实施运行所必需的管理人员和机构

1. 各部门职责

合格证持有人应当设立由飞行、维修、签派和客舱安全等专业人员组成的运行管理机构，负责协调各业务部门有关运行的事项；办理运行合格审定的有关事宜；负责手册的分发、更改和报批工作，保持其有效性。航空公司各部门在管理责任范围内，行使本业务系统的政策制定、业务指导、运行实施等职责。各部门的具体职责简述如下：

（1）公司总裁工作职责。

负责公司的经营管理，负责领导制定和实施公司发展战略和经营策略；组织实施与落实各项决议，完成年度经营目标和安全目标；保障公司运行、安全和安保工作必需资源；保证公司合法运行，是公司运行、安全和安保的第一责任人。

贯彻国家安全生产的方针政策，领导安全委员会的工作，以主要精力加强安全管理工作，正确处理安全与生产的关系，注重安全生产基础建设；审查批准公司运行手册的制定与重大修改，保持与局方法规的持续符合性，公司的运行符合运行规范的要求；根据经营发展的需要，对扩大航空运输经营范围、引进新机型等与飞行运行相关的重大事项做出决策与批准；根据运行副总经理的提议，决定运行管理体系、机构设置及主要管理人员、主要岗位人员的使用；对公司运行中发生危及安全并可能造成重大社会影响的事件处理做出决策，批准对责任者的处罚决定；监督指导公司其他领导正确履行职责，协调公司管理集体的关系，保证公司有序、正常运作。

（2）飞行部工作职责。

认真贯彻国家和民航局关于安全工作的方针政策，落实“保证安全第一、争取飞行正常，改善服务工作”的要求。坚持安全工作的制度，定期分析安全形势，经常组织安全教育、安全整顿、安全检查，督促落实局方和公司运行手册的各项规定；努力提高飞行人员的业务技术素质，经常开展业务技术学习、研讨、交流活动。严格遵守公司飞行技术管理规定，落实公司飞行人员的培训计划，定期对飞行人员进行技术检查考核，严格质量把关；承办公司飞行人员的执照和技术档案管理的相关事项；承担并组织完成公司运输生产及加班、包机任务，对飞行、空防安全负责；参加公司新开航线和新机型投入航线飞行的准备和实施工作。在公司有关业务部门指导下，做好空勤人员的航空卫生保健工作；加强性能管理工作，保证生产、工作有序进行；主动向公司提出安全建议，负责权限内的安全奖惩；承办领导交办的其他工作。

（3）机务工程部工作职责。

向公司总经理和主管副总经理报告工作，全面负责机务工程部的各项工作，对完成上级下达的各项任务、指标及保证航班正常负责，对工程部的安全生产和经济效益及工程部长远建设发展负责。正确处理好公司、工程部与员工之间的关系。向工程部员工传达满足顾客要求的重要性。

负责建立并完善工程部质量体系，扩大维修能力，降低维修成本，确保工程部维修资源的建立和补充。全面掌握维修工作情况和飞行动态，组织检查各项工作的落实情况，保证依法维修；组织制定并实施工程部的中、长期规划和年度计划，组织质量策划，具体组织飞机选型和引进工作以及较大维修项目的上项工作；负责组织工程部质量

体系文件的编写和修订工作，负责组织编写、修订和批准《维修管理手册》和《管理程序手册》，并督促各单位认真贯彻执行；负责对适航性放行人员的授权批准；负责组织对发生的较大安全质量问题的调查和处理；负责航材、设备的计划、采购和管理以及航材资金的合理使用，满足航班和维修生产的需求。

（4）航务部工作职责。

负责编写和制定公司运行控制管理的标准、规范及程序；负责公司运行控制的计划、组织、指挥、控制、协调等管理工作，有责任对机组、运力、航班等资源进行优化配置；负责组织制定公司运行控制（包括飞行性能、航行情报、航务管理、动态控制、签派放行、飞行监控、载重计划、机组资源管理、现场协调）等方面的规划与政策，符合 CCAR-121 的运行控制工作归运控管理，对公司所属单位（部门）的运行控制工作进行业务指导与管理。

负责根据天气、航行通告、飞机状况、空管情况，制作、发布计算机飞行计划、签派放行单（加油单）、航行气象、航行通告等签派放行所需的飞行文件，与机组共同实施本站或异地签派放行、飞行监控，并负责运行记录（放行文件、训练记录、值勤记录、值班日志、通信记录等）的保存；负责公司 3 日内航班计划、飞机运力、飞行机组的集中统一控制与优化配置；统一监控、发布航班动态信息，统一调整航班、运力，以最低运行成本尽快恢复航班正常；负责对公司飞机运行动态管理，包括监控飞行途中和终点的情况，跟踪、调整延误的航班，合理地配置运力资源。

负责公司航班时刻、航线（新航线开辟及在现有航线上增加机型和飞行高度）的审核、申报、落实以及航班协调工作；负责与相关单位的飞行运行控制管理部门、空中交通管理部门（包括军方航管部门）、机场管理机构协商有关运行控制、签派、航行情报、通信气象、通告、军民航机场使用保障方面的问题，并签订相关航务代理协议；负责公司航线分析、机场分析、导航数据分析等方面的工作。

负责检查落实公司进出港航班各项保障工作的执行情况，协调解决影响运行安全、正常的有关问题，参与公司的地面、空中事故的调查处理工作，依照公司紧急反应手册，参与紧急救援活动，负责报告飞行运行中的重要事件。

（5）航空安全监察部工作职责。

独立于运行的安全监督机构，在安全总监的直接领导下，负责安全水平的持续监督和定期评估；调查安全相关事件；就安全有关事务提出建议和组织员工安全教育等。

（6）公司值班领导职责。

根据局方规章及公司运行手册通过签派部门按照计划组织完成当日航班生产、飞行训练及其他飞行任务与运行保障工作；坚持安全第一，正确处理安全与生产、安全与正常的关系，不得违章组织指挥飞行运行工作；不得擅离职守；监督检查运行各单位值班领导在位情况；审批当日飞行计划的临时调整和次日飞行计划；了解当日机组、天气、飞机状况，督促各单位严格执行规章；了解作业现场运行保障情况，及时决策，解决影响运行的问题；飞行中遇紧急、特殊情况时，组织地面应急保障，并报告公司运行副总经理和/或总经理；掌握飞行动态，当航班延误时，协调调整航班计划；组织检查要客、急救及其他特殊或重要飞行任务运行保障的主要环节；经授权代表公司处理本公司与外单位之间的飞行保障事宜；主持召开公司日/周“安全生产讲评会”，分析公司安全生产情况；对运行中发生的问题予以记录，如需要应报告公司总经理；填写值班记录，作好交接班工作。

2. 必需的管理人员

合格证持有人应当拥有能够有效控制和监督其整个运行的管理机构，并拥有足够的合格管理人员，以保证在其运行中保持最高的安全水平。合格证持有人应当在下列职位或者同等职位上安排合格的人员：

（1）安全总监，负责独立地对合格证持有人的运行安全管理过程进行监督，并应该直接向总经理报告。

（2）运行副总经理，负责合格证持有人飞行运行的管理。

（3）维修副总经理，负责合格证持有人的飞机维修管理。

（4）总飞行师，负责合格证持有人的飞行人员训练和技术管理。

（5）总工程师，负责合格证持有人飞机的维修工程技术管理。

五、公司质量管理体系

1. 质量管理体系功能

监控公司各类运行手册、维修工程管理手册及公司和局方规定的任何其他标准的遵守情况，以确保安全运行和飞机适航性。

2. 质量管理体系机构

公司安全质量管理部根据责任经理（总裁）的授权，具体负责公司质量保证体系的建立和维护。各运行部门建立部门内部质量保证程序，设置二级质量机构或在特定岗位明确质量保证相关职责，确保部门运行职责的履行及工作品质的持续改进。质量体系管理机构见图 1-4 所示。

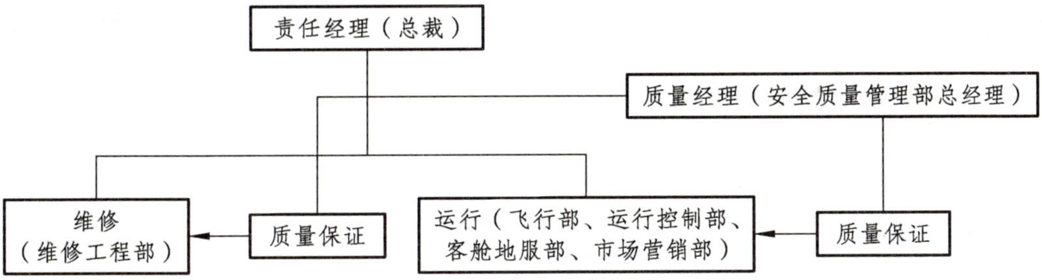

图 1-4 质量体系管理机构示例

3. 质量体系文件

（1）质量手册。

包含公司质量体系和质量保证方案信息的文件。

（2）流程。

所有运行手册中描述公司运行的流程。运行手册由《运行总手册》和供各类运行人员使用的手册组成，描述了公司为实施运行合格证批准的运行所确立的组织机构和程序，包括各类运行人员完成任务所要求的必要的信息。该类手册由公司总裁授权运行人员所在部门总经理编写和维护，手册内容符合局方规章的要求。

维修工程管理手册描述了公司为实施运行合格证批准的运行所确立的维修组织机构和维修程序，该手册由公司总裁授权维修工程部总经理编写和维护，手册内容符 CCAR-121 部的要求。

维修管理手册描述了公司为满足 CCAR-145 部所确立的组织机构和程序，手册内容符合 CCAR-145 部的要求。

（3）记录。

记录任务完成情况，证明公司手册中各项程序已被执行。

（4）非正常情况。

① 非正常情况的处理。

任何人都可能发现并报告非正常情况，相关部门总经理或二级质量机构要立即对非正常情况做出反应，对非正常情况进行分析，以确定是否需要立即采取纠正措施或递交管理会议决定。

② 非正常情况跟踪。

二级质量机构需跟踪非正常情况的纠正措施及其有效性并在与质量经理的月度会议上通报，并抄报公司安全质量管理部。

③ 质量事件调查。

安全质量管理部作为公司质量管理部门，根据发生事件对公司安全运行造成的影响程度或造成的人员及财产的伤亡、损失情况，组织开展调查或指定各二级质量机构调查。

④ 质量事件调查原则。

属于中等级（含）以上事件或公司领导布置的事件由安全质量管理部组织调查，完成调查报告，根据公司公文呈报规定上报公司领导；中等级以下事件由各部门质量机构开展调查，完成调查报告，报告经部门批准后上报安全质量管理部，安全质量管理部对调查报告有否决权；对于中等级以下事件，如事件涉及两个（含）以上部门，原则上由安全质量管理部调查。

⑤ 事件等级分类。

严重级：

a. 造成人员死亡、重伤或重大财产损失。

b. 需要立即采取安全对策。

c. 对安全运行构成重大的威胁。

d. 可能会引起媒体、舆论的极大关注。

中等级：

a. 造成人员重伤或较大财产损失。

b. 需要采取安全对策。

c. 影响安全运行。

d. 可能会引起媒体、舆论的关注或重大投诉的。

轻度级：

a. 造成人员轻度受伤或较小财产损失。

b. 人为原因及运行保障质量原因导致的影响公司正常运行事件。

c. 不会引起媒体关注。

六、公司安全管理体系

1. 安全管理组织机构

航空安全组织机构由公司级安全委员会、职能安全委员会组成，如图 1-5 所示。

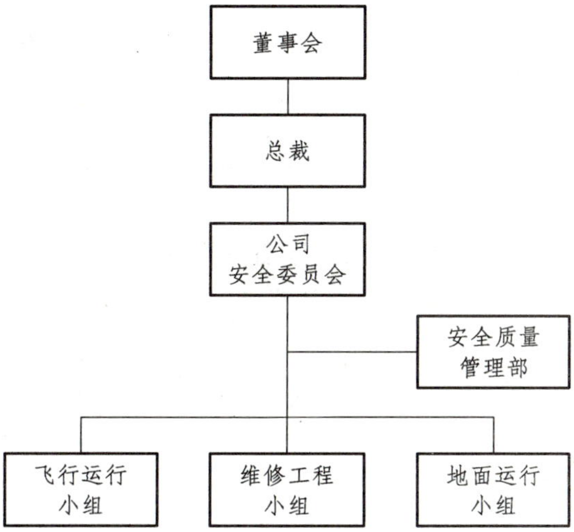

图 1-5 安全组织结构示例

2. 公司安全委员会

（1）机构组成。

主 任：总裁

副主任：维修（运营）副总裁、运行（飞行）副总裁

委 员：安全质量管理部总经理、飞行部总经理、维修工程部总经理、运行控制部总经理、客舱地服部总经理、市场营销部总经理，总飞行师、总工程师、总签派师。

常设办公室：安全质量管理部

办公室主任：安全质量管理部总经理

（2）安全委员会职责。

航空公司安全委员会协助总裁履行安全管理和监督监察的职责，代表总裁对公司董事会负责，是公司安全管理和监督监察的最高领导机构，负责制定公司运行安全、航空保安、职业卫生安全的相关政策，倡导和建设诚信安全文化，指导推进安全管理系统建设，维护公司安全管理体系的有效性和适宜性。

负责评估安全品质、分析安全形势、发现安全隐患、纠正安全缺陷、防范和化解安全风险，维护公司安全和健康发展。

审议飞行运行小组、维修工程小组、地面运行小组提交的议题，供全体委员共同研究，形成集体决议；审议公司各单位提交的安全相关问题的议题，并部署落实，或形成对安全运行相关规章流程、标准的修订和完善决议。

审批、签署安全责任状，并监督安全考核指标的落实；负责组织和监控安全教育、宣讲及其他各类重大安全活动；安全委员会审议过程中，如对安全政策、安全管理计划、安全奖惩、风险评估及预防措施等决策存在争议，由会议召集人指定责任单位和责任人负责汇总形成专题请示报告，上报总裁审批。

七、公司应急管理体系

1. 应急管理的组织机构

紧急事件发生时，公司按程序启动应急程序，已设立的各级应急机构开始运作，某航空公司应急管理组织机构如图 1-6 所示。

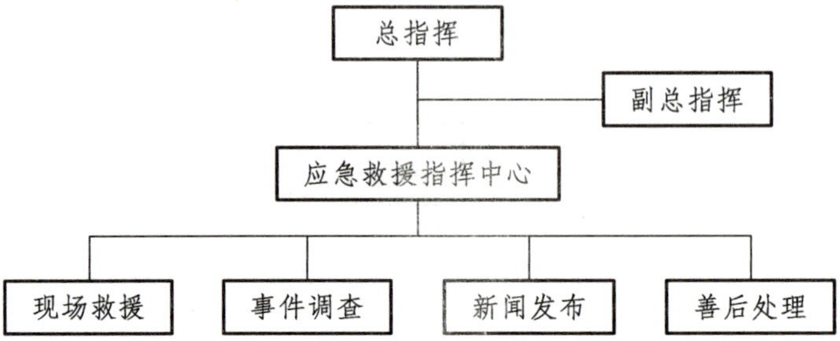

图 1-6　应急管理组织结构示例

2. 公司应急救援指挥中心

（1）应急救援指挥中心。

在局方和地方政府领导下，负责本公司所发生的紧急事件应急处置的全面指挥，是本公司应急处置各种紧急情况的最高指挥机构，有权调动公司一切力量（包括人力、财力、物力）开展救援活动；组织制定各类紧急事件应急处置预案。根据所发生事件的种类、险情，向公司各单位发布执行应急处置程序的指令；与机场应急救援指挥中心协调有关应急处置和营救事宜；及时查阅国家有关法律、国际民航组织和民航局航空安全有关规定在应急处置工作中的执行情况，发现问题及时纠正；遇有涉外事件时，及时按程序向局方主管部门报告；按局方的规定起草对外信息稿件、按局方规定接待新闻媒体的采访；定期组织本公司各部门进行应急处置模拟演练；定期检查各部门应急处置训练和物资保障情况；与机场管理机构签订残损航空器搬移协议。

（2）应急救援指挥中心下设现场救援组、事件调查组、善后处理组、新闻发布组 4 个工作小组。

① 现场救援组。

组织当日部门值班员成立紧急事件应急救援队；协助机场应急救援指挥中心和当地政府及医疗救护单位组织抢救和处置伤亡人员；协助当地公安机关、武警部队，维持现场秩序，保护和清理现场，杜绝无关人员进入；协助事件调查组现场录像，清理飞机残骸；协助有关部门对遇难者遗体进行辨认及运送；协助事件调查组收集与事件发生原因有关的残骸、物证和其他情况；负责向应急救援指挥中心总指挥、机组、外站救援机构提供技术咨询，并就技术问题做出决策；准备一定数量的经费，以备应急处置开支。

② 事件调查组。

调查掌握发生紧急事件飞机的注册号、机型、航班号；提供机组成员姓名、技术等级、身体状况和思想政治表现等情况；提供飞机故障保留情况、近期的主要维修工作、发动机工作状况；提供掌握该日机务维护工作情况，包括工作项目、工作人员、放行人员、值班领导、工具是否完好、是否符合最低设备放行清单放行等；负责现场拍照、录像等资料的收集工作；参与调查事件发生经过、原因、造成的损失和责任。协助将旅客、货邮损失和飞机损坏的情况，逐项列出清单，请公证部门、保险公司认定签字。对造成的损失进行初步估算，为公司向保险公司索赔提供依据；收集、整理与紧急事件发生、救援、调查有关的决定、决议、指令等的记录、录音、照片、录像等资料。原始资料移交安全质量管理部归档；撰写事件调查报告，经公司领导审核后，报上级有关主管部门。

③ 新闻发布组。

收集和整理有关飞行、机务、航务、商务、法律等方面的文件资料；准备与外国使（领）馆商谈的材料；按局方和公司规定起草新闻稿件，对外发布信息；按局方和公司规定接待新闻媒体的来访；确定新闻发布会的召开场地、礼仪、着装以及参加人员。

④ 善后处理组。

涉及宗教信仰和少数民族风俗习惯问题时，协助当地政府和宗教部门做好工作，在不违背原则和可能条件下妥善解决；根据调查结果，列出公司和旅客以及货物邮件损失的赔偿清单，依据《中华人民共和国民用航空法》和《国内航空运输承运人赔偿责任限额规定》（民航总局 164 号令），会同保险公司办理赔偿事宜。查阅有关法律文件，确认法律责任，参与诉讼、仲裁事宜；按公证部门和保险公司认定的损失清单，对第三者损失进行赔偿；善后处置完成后，走访有关单位表示慰问和感谢；向上级主管部门提交善后处置的书面报告。

第五节 航空公司运行控制中心（AOC）

适应航空公司运行特点，制定公司的标准和程序，开展高效的运行控制是公司的责任。航空公司的运行控制中心是航空公司的信息和决策中心。建立航空公司自己的运行控制中心是航空公司提高运行控制能力，提高运行管理水平，正是保证飞行安全，提高效益的需要。

一、运行控制

1. 运行控制的定义

根据 CCAR-121 部规定，运行控制是合格证持有人使用用于飞行动态控制的系统和程序，对某次飞行的起始、持续和终止行使控制权的过程。

2. 运行控制的作用

公司根据局方批准的《运行规范》与操作程序，收集和使用安全飞行所需的信息，对飞行运行中出现的各种情况做出正确的决定和采取必要的措施来对运行实施控制，从而保证运行按照公司的政策和目的安全、正常地进行。

3. 国内、国际定期载客运行的运行控制责任

（1）合格证持有人应当对运行控制负责。

（2）机长和飞行签派员应当对飞行的计划、延迟和签派或者放行是否遵守涉及民航管理的规章和合格证持有人的运行规范共同负责。

（3）飞行签派员应当对下列工作负责：

① 监控每次飞行的进展情况。

② 分析与发布该次飞行安全所必需的信息。

③ 如果根据其本人或者机长的判断，认为该次飞行不能按照计划或者放行的情况安全地运行或者继续运行时，取消或者重新签派该次飞行。

④ 当飞机追踪无法确定其位置且尝试建立联系未获成功时，通知相关的空中交通服务单位。

（4）在飞行期间，机长负责控制飞机和指挥机组，并负责旅客、机组成员、货物和飞机的安全。

（5）在飞行期间，机长对于飞机的运行拥有完全的控制权和管理权。这种权力没有限制，可以超越机组其他成员及他们的职责，无论机长是否持有执行其他机组成员职责所需的有效证件。

（6）任何驾驶员在驾驶飞机时不得粗心大意和盲目蛮干，以免危及生命或者财产的安全。

4. 补充运行的运行控制责任

（1）合格证持有人应当对运行控制负责，并在手册中列出授权实施运行控制的人员。

（2）机长和运行副总经理应当对飞行的放行、延续、改航和终止是否遵守涉及民航管理的规章和合格证持有人的运行规范共同负责。运行副总经理可以委托他人行使飞行放行、延续、改航和终止的职能，但不能委托运行控制的责任。

（3）当运行副总经理或者机长认为该次飞行不能按照计划安全地运行时，运行副总经理对取消、改航或者延迟飞行负责。运行副总经理应当负责至少在下列方面对飞行运行进行监控：

① 始发地机场的离开和目的地机场的到达，包括中途停留机场及备降机场。

② 发生在起始、目的地和中途停留机场的维修及机械延误。

③ 已知的严重影响飞行安全的情况。

④ 当飞机追踪无法确定其位置且尝试建立联系未获成功时，通知相关的空中交通服务单位。

（4）在飞行期间，机长负责控制飞机和指挥机组，并负责旅客、机组成员、货物和飞机的安全。在飞行期间，对于飞机的运行拥有完全的控制权和管理权。这种权力没有限制，可以超越机组其他成员及他们的职责，无论机长是否持有执行其他机组成员职责的有效证件。

（5）机长对飞行前的计划和飞行中的运行是否遵守涉及民航管理的规章和合格证持有人的运行规范负责。

（6）任何驾驶员在驾驶飞机时不得粗心大意和盲目蛮干，以免危及生命或者财产的安全。

二、运行控制中心的概念

AOC 是由航空公司有关人员、设备设施、规章和程序组成，它可以是一个独立的部门，也可以依据公司的规模由几个不同的部门组成，它是公司总裁的全天候运行授权的代表，是公司组织和实施飞行的指挥中心，是每时每刻协调、控制公司航班运行的职能部门，是集中、迅速处理不正常及紧急事件的决策和发布机构。它的有效工作程序、运行管理规则和信息处理方法，能保证及时有效地行使运行控制的责任。

在具备良好的内部和外部通信的环境下，AOC 中的各职能代表作为一个团队，共同工作，做出指挥航空公司日常飞行运行的最佳决策。

三、运行控制中心的功能

AOC 是航空公司的一个机构，它根据中国民用航空规章的规定和公司管理的一般目的和目标，遵循标准化的程序和手册，对公司日常计划的实施做出最有效的指挥决策，它是公司运行的决策中心。

AOC 的功能必须满足下列航空公司的主要要求：

（1）安全。

安全是航空公司在有关飞行运行实施和决策的各个方面中的首要考虑。周密的计划、充分的支持和标准化的操作能创造良好的运行环境，提高 AOC 团队和航空公司的自信心、精确度和可预见性。

（2）正常。

准时的起降确保日常运行的顺利进行，准点运行也能减少诸如行李的耽搁和旅客吃住的费用，具体内容包括：

① 协调起飞前的活动，便于飞机准时起飞；

② 对地面运行做出计划安排，减少地面滞留时间；

③ 跟踪航路运行，减少滞空时间和突发时间。

（3）经济。

在不影响安全、舒适和运行要求的前提下，航空公司的飞机设备和资源应尽可能地实现最佳的成本运作，可能会牺牲个别航班的经济性以获得航空公司整体的经济效益。

（4）舒适。

航空公司应关心和尊重他们的旅客，当旅客乘坐他们的飞机时，运行决策应努力超出旅客的期望值，提供一个舒适、安全的环境，实现优质服务。

四、运行控制中心的组织结构

AOC 是一个运行机构，它的组成包括紧密支持飞行运行的各部门代表，如图 1-7 所示。

通信是 AOC 的基础。AOC 必须是航空公司内部和外部运行的通信中心，当航空公司计划的运行需要调整或做出决定时，必须由 AOC 完成，以维护航空公司整个系统的完整性。由于 AOC 是通信流程的中心，基于完整和精确的通信，它能为公司做出更好的决定。

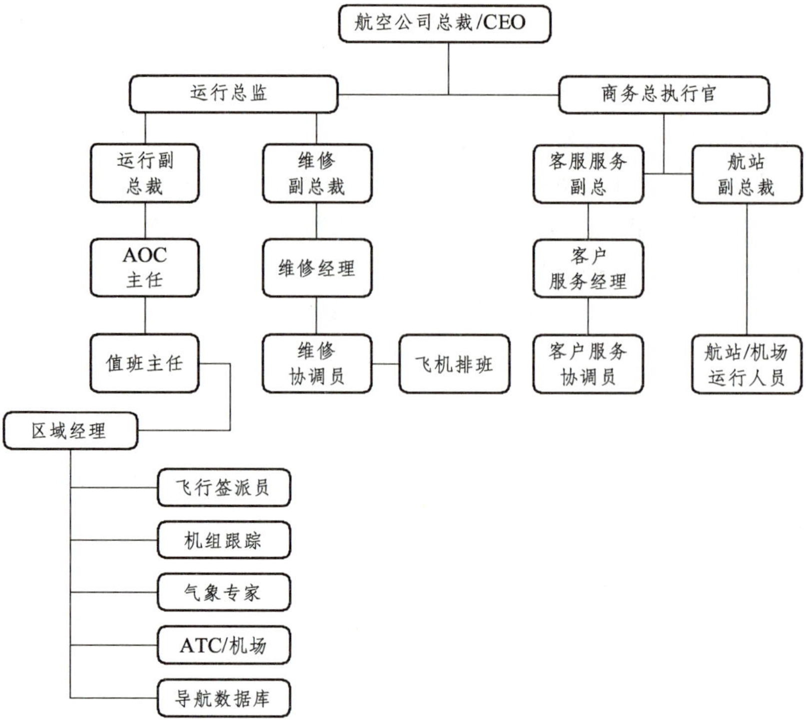

图 1-7 航空公司运行体系

飞行签派是 AOC 的核心。AOC 中的飞行签派员和区域经理与机长作为一个团队，一起做出运行和经济性的决定。

AOC 对影响系统运行的所有决定向高级管理层负责。AOC 是航空公司运行的“大脑”，同时也是责任中心。

AOC 必须不断地发展和提高航空公司的运行效率。在外部，要通过提高通信能力，改善与飞行机组，空中交通管制和机场当局的关系来实现；在内部，要通过 AOC 所有岗位紧密的团队协作来实现。

五、参与运行控制的人员

1. 运行人员

（1）飞行签派员。

签派员主要负责对每次飞行的各要素进行分析评估以与机长共同实施签派放行，并对签派放行承担安全责任；监控整个飞行的过程并及时向飞行中的机组提供已经影响或潜在影响飞行安全的各种变更信息，有责任向机长提供更为安全的建议措施；负责运行不正常后协调航班的恢复计划并监督落实，使公司的飞行安全、正常和高效。

（2）配载员。

配载员主要负责制定配载计划，对飞机的装载实施控制，确保飞机的重量和重心在安全限制范围内。此外，对配载代理人进行必要的培训和工作质量的监督、检查。

（3）性能工程师。

性能工程师主要负责公司新开航线、机场的性能分析，确保飞机能够在相应机场、航线安全运行；监控飞机性能变化情况并提出建议措施。

（4）航行情报员。

航行情报员主要负责新开航线的拟订及有关数据库的管理、航行通告的处理、飞行资料包的管理等。

（5）气象专家。

收集、分析、制作、发布和更新天气预报，向飞行签派员、飞行机组和其他运行人员提供综合气象服务和建议。

（6）导航数据库管理。

维护精确和完整的导航数据库，就 FMS 导航数据库的有关问题与技术提供者联系，为航路规划和航路问题的解决提供支援，为建议改变的导航结构提供分析。为包机和偏离航线运行提供必要的支持。

（7）空中交通管制/机场运行协调员。

在 AOC 内负责与空中交通管制单位和机场联系与协调。提供缓解由于 ATC（空中交通管制）更改航路、地面等待方案等原因造成的对飞行不利的影响，协助飞行签派员与 ATC 协调。

（8）维修协调员。

协调 AOC 和航空公司维修支持人员，支持故障飞机的修理工作，向运行管理层和相关部门提供最新的机队状态信息。

（9）飞机排班员。

保证为航空承运人的航班运行合理安排飞机和为减少延误调整飞机，给出更换或取消等飞机调整解决方案。

（10）客户服务。

在 AOC 决策过程中提供有关客户和航站的信息，协调可用资源和人员积极处理不正常运行对客户、航站和经济效益造成的影响。

（11）配载平衡协调员。

向飞行机组提供飞机配载和起飞重量的记录；制作所有航班的重量与数据记录；注明机上燃油的分配；提供航班上装载的行李的准确数量、重量和位置、旅客数等。

2. 飞行机组及计划/调度人员

（1）飞行机组。

其主要职责是确保飞行按照局方规章及公司的政策、标准与程序安全实施，每次飞行公司都指定责任机长进行统管，紧急情况下机长拥有对航空器最终的处置权。

（2）机组计划/调度人员。

负责按照 CCAR-121 部 O、P 分部的要求，编制飞行机组的航班计划；对飞行机组的合格资格、飞行和值勤时间进行检查，以确保飞行机组合格于将要进行的运行。这些工作必须在飞行签派员制作飞行计划和签派放行前已经完成。

3. 其他人员

（1）现场指挥员。

按照公司的标准过站时间和作业流程对当地的现场保障工作进行指挥、协调，保证当地的现场保障正常、有序进行。

（2）适航资料员。

根据局方及公司对机载适航手册配备的规定以及相应的流程，确保适航手册的完整、有效。

（3）场站代表。

为了使主基地以外的各机场的航班运行正常、有序，同时监督、协调该机场代理单位落实保障协议，公司在航班量较大的机场设立运行场站，行政和业务上接受运行控制部的领导，根据业务量来配备人员。

六、运行控制协调原则

为保证公司运行作业安全有序，运行作业必须遵守“统一指挥，协作配合”的基本原则。在运行过程中，各部门的局部业务利益必须服从有利于飞行安全、航班正常、优质服务和最佳经济效益的公司整体利益。

凡涉及公司外部单位的协作事宜，应本着友好协商，有利于解决问题的原则，并维护公司的利益。在处理运行过程发生的问题时，有关部门若对公司或其他部门做出的处理决定有不同意见，应向公司或其他部门阐述自己的意见及理由。对于公司或其他部门出于公司整体利益考虑，不予采纳自己的意见时，有关部门应先执行决定，再事后提请复议，以利于以后类似事件的解决。

值班签派员应主动组织协调公司各运行保障部门之间的协调作业，当部门之间的运行保障工作出现不协调时应及时予以解决，必要时应报公司值班领导处理。公司各运行保障部门应服从签派室的统一协调和指挥。

在运行保障过程中，有关责任部门或个人在履行协调职责时，遇到难以达成共识或可能影响航班正常的情况时，应立即上报签派室，并由签派室报告公司值班领导协调解决。

签派室负责组织指挥飞行与运行保障，协调、监督各运行保障部门之间的协作配合。协调、监督的主要范围是运行保障过程中与飞行安全、空防安全、航班正常和运行管理有关的问题。出现涉及安全的紧急情况时，有关部门可直接报告公司值班领导或空中交通管制部门、机场当局处理。当来不及事先请示时，可边处理边报告。

公司外站服务代理和日常管理，由相关业务部门对口管理。对于设有公司驻外机构的机场的服务代理和日常管理的协调工作由公司驻外机构负责，相关业务部门给予协助指导。当代理人或代理机构的代理业务项目变更时，相关协议的签署部门应根据协议变更的管理程序予以承办，并将有关信息通报公司。

复习思考题

1. 什么是运行控制?
2. 简述航空公司的运行原则。
3. 简述飞行部的基本职能。
4. 简述航空公司的运行管理体系。
5. 简述 CCAR-121 的全称及使用范围。
6. 简述 CCAR-121 部的组成结构和内容。
7. 列举飞行员常用手册并简述其内容。
8. 简述运行手册与运行规范的内容。
9. MEL、CDL 分别是什么? 有何作用?
10. 什么是 AFM?
11. FCOM 的全称是什么? 有何作用?
12. 什么是 QRH?
13. CCAR-121 部中国内、国际定期载客运行的运行控制责任是如何规定的?
14. CCAR-121 部中补充运行的运行控制责任是如何规定的?

02 第二章 机组管理

机组人员是在航空器上执行任务的人员，包括飞行人员、乘务人员、安全保卫员，有时还有其他专业人员。

飞行人员是指在飞行中直接操纵飞机和使用机上航行、通信设备的人员。在很长一段时间内，五人制驾驶舱是普遍的机组配置，包括机长、副驾驶、领航员、飞行通信员和飞行机械员。随着科学技术的进步，现代民用航空器上都已装备较为先进的机载通信和导航设备，国际民航组织不再将飞行通信员列入必需项目。加之近年来我国民航业的快速发展，三人以上（含）的多人制机组的飞机已完全退出现役，目前在我国航空公司的机队机构中，现役飞机均为两人制机组设计，不再需要配置领航员、飞行通信员和飞行机械员，仅少数几种直升机机型需要配备飞行机械员，所以飞行人员通常情况下仅指驾驶员。

每次飞行，飞行人员编成机组，由机长领导，负责领导机组人员的一切活动，对航空器和航空器所载人员及财产的安全、航班正常、服务质量和完成任务负责。副驾驶在接受飞行任务后的飞行运行中向机长负责，协助机长进行飞行操作，安全、正常地完成公司下达的各种飞行任务。当机长委托其行使机长的职权或机长失能时，则按替代程序执行。机组中应包括的成员和人数，不应少于航空器飞行手册或 CCAR-121 及其他有关文件的规定。

客舱乘务员的工作任务是为旅客服务，在出现紧急情况时，负责采取应急措施，帮助旅客安全撤离。乘务员的人数根据旅客座位数目而定，执行任务的乘务员编成乘务组，由乘务长领导。

第一节 对机组成员的要求

一、航空人员的条件及限制

合格证持有人不得使用，任何人员也不得作为按照 CCAR-121 部运行的航空人员被使用，除非该人员符合下列条件：

（1）持有局方颁发的相应的现行有效航空人员执照或证件；

（2）在按照本规则运行时，按照要求携带现行有效的航空人员执照、体检合格证和其他必需的证件；

（3）合格于所从事的工作。

按照要求携带证件的每个航空人员，应当在局方检查时出示证件。

合格证持有人不得使用已满 63 周岁的人员在实施本规则运行的飞机上担任飞行机组必需成员。任何已满 63 周岁的人员，也不得在按照本规则运行的飞机上担任飞行机组必需成员。

二、飞行机组成员

1. 机组成员

机组成员指飞行期间在飞机上执行任务的航空人员，包括飞行机组成员和客舱乘务员。

2. 飞行机组成员

飞行机组成员指飞行期间在飞机驾驶舱内执行任务的驾驶员和飞行机械员。

3. 机组必需成员

为完成按 CCAR-121 运行符合最低配置要求的机组成员。

4. 飞行机械员

负责飞机的动力装置和各个系统在飞行中的工作状态的操作或监视，遇有异常情况，协助机长采取必要措施。担任飞行机组必需成员的飞行机械员，其配备应当符合飞机飞行手册中对机组定员的要求。

三、飞行机组的组成

（1）合格证持有人在运行飞机时，其飞行机组成员不得少于所批准的该型飞机飞行手册中规定的数量，也不得少于 CCAR-121 部对所从事的该种运行所要求的最少飞行机组成员数量。

（2）对于 CCAR-121 部要求应当具有飞行人员执照才能完成的两种或者两种以上职能，不得由一名飞行人员同时完成。

（3）合格证持有人在按照 CCAR-121 部运行时，飞行机组至少配备两名驾驶员，并且应当指定一名驾驶员为机长。

（4）在飞行机组必需成员中要求有飞行机械员的每次飞行中，应当有飞行机组成员在飞行机械员生病或者由于其他原因而丧失工作能力时能代替其工作，合格于应急完成相应的职能，以保证安全完成飞行。在这种情况下，飞行人员完成所代替的职能时，无须持有相应的执照。

四、客舱乘务员的最低数量配备要求

（1）为保证安全运行，合格证持有人在所用每架载运旅客的飞机上，应当按照下列要求配备客舱乘务员：

① 对于旅客座位数量为 20 ~ 50 的飞机，至少配备 1 名客舱乘务员。

② 对于旅客座位数量为 51 ~ 100 的飞机，至少配备 2 名客舱乘务员。

③ 对于旅客座位数量超过 100 的飞机，在配备 2 名客舱乘务员的基础上，按照每增加 50 个旅客座位增加 1 名客舱乘务员的方法配备，不足 50 的余数部分按照 50 计算。

（2）在中途过站停留时，如果乘坐该机的旅客仍停留在飞机上，合格证持有人应当遵守下列规定：

① 如果保留在飞机上的客舱乘务员数量少于 CCAR-121 部要求的数量，则合格证持有人应当采取下列措施：

a. 保证飞机发动机关车并且至少保持打开一个地板高度出口，供旅客下飞机。

b. 保留在飞机上的客舱乘务员数量应当至少是 CCAR-121 部要求数量的一半，有小数时，舍去小数，但至少为 1 人。

c. 可以用其他人员代替要求的客舱乘务员，代替客舱乘务员的人员应当是符合应急撤离训练要求的合格人员且应当能够为旅客所识别。

② 如果在过站时该飞机上只保留 1 名客舱乘务员或者其他合格人员，则该客舱乘务员或者其他合格人员所在的位置应当符合经局方批准的该合格证持有人运行程序的规定。如果在飞机上保留 1 名以上客舱乘务员或者其他合格人员，这些客舱乘务员或者其他合格人员应当均匀分布在飞机客舱内，以便在紧急情况下最有效地帮助旅客撤离。

第二节 机组成员的合格要求

一、驾驶员的执照要求

只有持有航线运输驾驶员执照（ATPL）和该飞机相应型别等级的驾驶员，方可以在按照 CCAR-121 部运行的飞机上担任机长，或者在需要三名（含）以上驾驶员的运行中由符合规定条件的副驾驶作为巡航机长。

只有至少持有商用驾驶员执照（CPL）和飞机类别、多发等级、仪表等级或者持有多人制机组成员执照（MPL）的驾驶员，方可以在按照 CCAR-121 部运行的飞机上担任副驾驶。

二、机组成员的训练要求

1. 飞机组类

为方便机组成员和飞行签派员的训练管理，根据飞机动力装置的区别对飞机划分的种类。在 CCAR-121 部中，将飞机分为两个组类：

（1）组类Ⅰ，以螺旋桨驱动的飞机，包括以活塞式发动机为动力的飞机和以涡轮螺旋桨发动机为动力的飞机。

（2）组类Ⅱ，以涡轮喷气发动机为动力的飞机。为适应飞行机组成员训练需要，根据飞机最大起飞全重，再将组类Ⅱ飞机分为 5 700 kg（含）至 136 000 kg（含）和 136 000 kg（不含）以上两个种类。

2. 必需的训练

只有按照经批准的训练大纲，圆满完成了相应型别飞机和相应机组成员位置的下列训练，方可以担任该型别飞机的机组必需成员：

（1）新雇员训练。

对于新雇员，应当圆满完成新雇员训练提纲中的地面基础教育内容，并根据不同新雇员的原有经历和拟担任的职位，完成相应的训练内容。

（2）初始训练。

对于未在相同组类其他飞机的相同职位上经审定合格并服务过的机组成员，应当圆满完成初始训练。

（3）转机型训练。

对于已在相同组类其他型别飞机的相同职务上经审定合格并服务过的机组成员，在转入该机型的同一职位之前，应当圆满完成转机型训练。

（4）升级训练。

对于在某一型别飞机上合格并担任副驾驶的机组成员，应当圆满完成升级训练，方可以担任该机型飞机的机长。

（5）差异训练。

对于已在某一特定型别的飞机上经审定合格并服务过的机组成员，当使用的同型别飞机与原飞机存在差异时，应当圆满完成差异训练。

（6）定期复训。

对于每个飞行机组成员，在前 12 个日历月之内，应当圆满完成本规则规定的服务于每一机型的复训的地面和飞行训练；

对于客舱乘务员，应当在前 12 个日历月内完成复训地面训练和资格检查。

（7）重新获得资格训练。

对于因为不符合近期经历要求、未按照规定期限完成定期复训、未按照规定期限完成飞行检查或者飞行检查不合格等原因而失去资格的机组成员，应当进行相应的重新获得资格训练。

（8）对于履行危险物品处理或者载运职责的人员（含地面人员）应当按照《民用航空危险品运输管理规定》（CCAR-276）规定进行训练并保持训练记录。

3. 机组成员的应急生存训练

机组必需成员应当针对所飞飞机的型别、布局及所实施的每种运行，完成本条规定的应急生存训练。

应急生存训练应当包括讲解应急工作的任务分派和程序，包括机组成员之间的协调配合；逐个讲解应急设备的所在位置、功能和使用方法；讲解紧急情况的处理；回顾和讨论以前与实际紧急情况有关的飞行事故和事件。

每一机组成员应当在规定的训练期限内，使用配置在其所服务的每一型别飞机上的应急设备，完成下列应急演练：

（1）一次性应急演练。在初次转入该机型的训练中，每个机组成员应当完成下列一次性应急演练：包括至少一次佩戴防护式呼吸装置的演练；至少一次经批准的灭火演练；每人使用至少一种机载或者经批准的用于训练的应急撤离滑梯进行撤出飞机的应急撤离演练。

（2）定期应急演练。这些训练应当在该机型初次训练时完成，以后每 24 个日历月定期复训一次。

在 7 600 m（25 000 ft）以上高度的飞行中服务的机组成员，应当接受呼吸原理、生理组织缺氧、高空不供氧情况下有知觉持续时间、气体膨胀、气泡的形成以及减压的物理现象和事件的教育。

4. 机组成员的安保训练

合格证持有人应当制定供机组成员使用的安保训练大纲，并经局方批准后按照该大纲实施训练。该训练大纲应当根据国家以及民航保卫部门不同时期的具体要求、国内外形势变化以及运行区域和特点等情况及时进行更新和修订。机组成员的保安训练大纲至少包括以下内容：

（1）事件严重性的确定。

（2）机组成员之间的信息传递和协调。

（3）恰当的自我防卫。

（4）经批准供机组成员使用的非致命性保护器具的使用方法。

（5）了解恐怖分子的行为，以使机组成员有能力应对劫机者的行为和乘客的反应。

（6）针对不同威胁情况的真实场景演练。

（7）用于保护飞机的驾驶舱程序。

（8）飞机的搜查程序和最低风险爆炸区的指南。

5. 副驾驶的进入条件

进入副驾驶训练的驾驶员应当至少具备有关规定的资格条件，持有商用驾驶员执照的驾驶员，还应通过航线运输驾驶员执照地面理论考试，并符合下列要求：

（1）拟在组类Ⅰ飞机上担任副驾驶的驾驶员，总驾驶员飞行经历时间不得少于 500 h，或者毕业于按照《民用航空器驾驶员学校合格审定规则》（CCAR-141）批准的课程，该课程至少有 230 h 飞行训练时间。

（2）拟在最大起飞全重 136 000 kg（含）以下的组类Ⅱ飞机上担任副驾驶的驾驶员：

① 总驾驶员时间不得少于 800 h，或者毕业于按照《民用航空器驾驶员学校合格审定规则》（CCAR-141）批准的课程，该课程至少有 250 h 飞行训练时间。

② 按局方批准的高性能训练课程进行训练，该课程应当包括理论训练、飞行训练器训练和至少 20 h 在局方认可的高性能多发飞机上的飞行训练（其中可以包括不超过 10 h 的飞行模拟机飞行训练时间）或等效训练。

③ 在涡轮驱动、具备增压舱的多发飞机上担任机长飞行 70 h 或担任副驾驶飞行经历时间 300 h 的驾驶员在进入本款规定的副驾驶训练前可以不进行高性能多发飞机训练。

（3）拟在最大起飞全重 136 000 kg（不含）以上的组类Ⅱ飞机上担任副驾驶的驾驶员：

① 总驾驶员时间不得少于 800 h，或者毕业于按照《民用航空器驾驶员学校合格审定规则》（CCAR-141）批准的课程，该课程至少有 280 h 飞行训练时间。

② 按局方批准的高性能训练课程进行训练，该课程应当包括理论训练、飞行训练器训练和至少 50 h 在局方认可的高性能多发飞机上的飞行训练（其中可以包括不超过 25 h 的飞行模拟机飞行训练时间）或等效训练。

③ 在涡轮驱动、具备增压舱的多发飞机上担任机长飞行经历时间 100 h 或担任副驾

驶飞行经历时间 500 h 的驾驶员，在进入本款规定的副驾驶训练前可以不进行高性能多发飞机训练。

④ 对于已在按本规则运行的最大起飞全重 136 000 kg（含）以下的组类Ⅱ飞机上担任副驾驶的驾驶员，在按本规则的运行中担任副驾驶飞行经历时间 250 h 后，可直接进入最大起飞全重 136 000 kg（不含）以上组类Ⅱ飞机的副驾驶训练，无须满足本款上述要求。

6. 机长训练的进入条件

进入机长训练的驾驶员，应当满足《民用航空器驾驶员合格审定规则》（CCAR-61）中对申请航线运输驾驶员执照所规定的资格要求和经历要求。此外，在进入组类Ⅱ飞机担任机长之前，需满足下列附加条件：

（1）对于最大起飞全重 136 000 kg（含）以下的飞机，应当担任机长飞行一年以上，相应机长飞行经历时间不少于 300 h，且总驾驶员飞行经历时间不少于 2 200 h；如不具有上述机长经历，则其总驾驶员飞行经历时间不得少于 2 700 h，其中在组类Ⅱ飞机上不少于 1 000 h，且作为操作驾驶员不少于 400 个包括起飞和着陆的航段，其中在本机型上作为操作驾驶员不少于 200 个包括起飞着陆的航段；

（2）对于最大起飞全重 136 000 kg（不含）以上的飞机，应当担任组类Ⅱ飞机机长飞行一年以上，相应机长飞行经历时间不少于 500 h，且总驾驶员飞行经历时间不少于 4 000 h；如不具有上述组类Ⅱ飞机机长经历，则其总驾驶员飞行经历时间不得少于 5 500 h，其中在组类Ⅱ飞机上不少于 2 500 h，且作为操作驾驶员不少于 450 个包括起飞和着陆的航段，其中在本机型上作为操作驾驶员不少于 250 个包括起飞着陆的航段。

注：以上所述机长飞行经历时间是指在商业运输中担任机长飞行的经历时间。

三、驾驶员的近期经历要求

合格证持有人不得使用任何驾驶员，任何驾驶员也不应在按照 CCAR-121 部的运行中担任飞行机组必需成员，除非该驾驶员于前 90 个日历日之内，在所服务的该型别飞机上，至少已做过三次起飞和着陆。起飞和着陆可以在经批准的飞行模拟机上完成，在任一连续的 90 个日历日内未能完成要求的三次起飞和着陆的人员，应当重新建立近期经历。

重新建立近期经历需要在飞行检查员监视下，在所飞的该型别飞机上，或者在经批准的飞行模拟机上，至少完成三次起飞和着陆，应当包括至少一次模拟临界发动机失效时的起飞、至少一次使用仪表着陆系统进近到该合格证持有人经批准的仪表着陆系统最低天气标准的着陆以及至少一次全停着陆。

四、新机型和新职位上的运行经历要求

（1）在飞机上担任机组必需成员的人员，应当在该型别飞机和在该机组成员位置上，圆满完成本条要求的巩固知识与技术所需的飞行经验、飞行次数和航线飞行经历时间，取得规定的运行经历。

（2）对于新机型、新职位的驾驶员，为巩固其知识与技术，合格证持有人应当采取下列措施，保证其飞行连续性：

① 在完成新机型或者新职位上的训练之后的 120 天之内，应当安排航线飞行至少 100 h。

② 如果驾驶员在完成必需的 100 h 航线飞行经历时间前，到该合格证持有人运行的另一型别飞机上担任驾驶员，则该驾驶员在重新回到新机型上担任驾驶员时，应当首先在飞行模拟机或者飞机上完成经批准的复习训练。

③ 对于在 120 天之内没有完成必需的 100 h 航线飞行经历时间的驾驶员，应当在飞行模拟机或者飞机上完成熟练检查并重新建立 120 天之内 100 h 的航线飞行经历。

五、航线检查

机长应当在前 12 个日历月内，在其所飞的一个型别飞机上通过航线检查，在检查中圆满完成机长职责。

航线检查应当由在该航路和该型别飞机两方面都合格的飞行检查员实施，并且至少有一次检查飞行是在合格证持有人的典型航路上进行的。

六、熟练检查

担任飞行机组必需成员的驾驶员应当在前 6 个日历月之内在所服务的机型（别）上完成熟练检查，否则不得担任飞行机组必需成员。

熟练检查可以在定期复训中进行。熟练检查每隔一次可以用规定的飞行模拟机训练课程代替。按照《民用航空器驾驶员合格审定规则》（CCAR-61）完成的型别等级飞行考试也可以代替熟练检查。

熟练检查应当满足下列要求：

（1）至少包括 CCAR-121 附件 E 所规定的程序和动作，除非该附件中另有特殊规定。

（2）由局方监察员、局方委任代表或者合格证持有人的飞行检查员进行。

对于 CCAR-121 附件 E 中规定可以放弃的动作与程序，实施熟练检查的人员可以根据自己的判断放弃检查，但应当满足下列要求：

（1）局方没有发布应当完成该动作或者程序的特别指令。

（2）被检查的驾驶员，在合格证持有人的该型别飞机和飞行机组成员职位上，具有一年以上的安全运行经历。

如果被检查的驾驶员在任一要求的动作上失败，实施熟练检查的人员可以在熟练检查过程中，给该驾驶员增加训练。除了重复完成曾失败的动作之外，可以要求被检查的驾驶员，重复他认为对判断驾驶员熟练程度所必需的任何其他动作。如果被检查的驾驶员未通过熟练检查，合格证持有人不得在本规则运行中使用该人员，该人员也不得在本规则运行中任职，直至其令人满意地完成熟练检查为止。

七、新机长的仪表飞行着陆最低天气标准

如果机长在其驾驶的某型别飞机上作为机长按照 CCAR-121 部运行未满 100 h，则该机长被规定为新机长。

合格证持有人运行规范中对于正常使用机场、临时使用机场或者加油机场规定的最低下降高（MDH）或者决断高（DH）和着陆能见度最低标准，分别增加 30 m（100 ft）

和 800 m（1/2 mile）或者等效的跑道视程（RVR）。

对于用作备降机场的机场，最低下降高（MDH）或者决断高（DH）和能见度最低标准无须在适用于这些机场的数值上增加，但是任何时候，着陆最低天气标准不得小于 90 m（300 ft）和 1 600 m（1 mile）。

如果该驾驶员在另一型别飞机上作为机长在按照本规则实施的运行中至少已飞行 100 h，该机长可以用在本型飞机上按照本规则实施运行中的一次着陆，去取代必需的机长经历 1 h，减少 100 h 的机长经历，但取代的部分不得超过 50 h。

机场公布 RVR 着陆最低标准对应的新机长 RVR 着陆最低标准如表 2-1 所示。

表 2-1 新机长 RVR 着陆最低标准

公布的RVR着陆最低标准	新机长的RVR着陆最低标准
RVR550 m（1 800 ft）	RVR1 400 m（4 500 ft）
RVR600 m（2 000 ft）	RVR1 400 m（4 500 ft）
RVR750 m（2 400 ft）	RVR1 500 m（5 000 ft）
RVR1 000 m（3 000 ft）	RVR1 500 m（5 000 ft）
RVR1 200 m（4 000 ft）	RVR1 800 m（6 000 ft）
RVR1 500 m（5 000 ft）	RVR1 800 m（6 000 ft）

八、驾驶员的使用限制和搭配要求

（1）如果副驾驶在所飞机型上的飞行经历时间少于 100 h，并且机长不具备飞行检查员或者飞行教员资格，则在下列情况下，应当由机长完成所有起飞和着陆：

① 在局方规定或者合格证持有人规定的特殊机场。

② 机场的最新气象报告中有效能见度值等于或者小于 1 200 m（3/4 mile），或者跑道视程（RVR）等于或者小于 1 200 m（4 000 ft）。

③ 所用跑道有水、雪、雪浆或者严重影响飞机性能的情况。

④ 所用跑道的刹车效应据报告低于“好”的水平。

⑤ 所用跑道的侧风分量超过 7 m/s（15 n mile/h）。

⑥在机场附近据报告有风切变。

⑦ 机长认为需谨慎行使机长权力的任何其他情况。

（2）在安排飞行机组搭配时，除非局方对合格证持有人的运行规范做允许偏离的增补，应当至少有一名驾驶员在该型别飞机上具有 100 h 的航线飞行经历时间。

（3）合格证持有人应当建立一套飞行机组排班系统，保证科学合理地搭配飞行机组成员，安全地完成所分派的任务。搭配飞行机组成员时应当考虑以下因素：

① 飞行机组成员的经历、资格满足所飞区域、航路、机场和特殊运行的要求。

② 飞行机组成员对所飞机型得到充分训练，使用设备、操纵飞机的整体能力满足运行要求。

③ 飞行机组成员的年龄和性格特征。

④ 所执行的飞行任务的其他特点。

九、机长的特殊区域、航路和机场合格要求

局方可以根据周围地形、障碍物、复杂的进近程序或者离场程序等因素，将某些机场确定为特殊机场，要求机长具有特殊的机场资格，并可以对某些区域或者航路提出特殊类型的导航资格要求。

具有下列一种或多种特征，飞行运行风险较高的机场应作为特殊机场管理：

（1）机场净空条件差（地形、障碍物对飞行运行产生较明显的影响）或空域环境复杂，致使飞行程序具有特殊性，导致出现如下情形之一：

① 仪表引导系统（IGS）进行程序或目视盘旋进行程序使用频率较高，在该机场年使用以上程序着陆的航班总数超过在该机场年着陆航班总数的5%。

② 容易出现下降超限（进近程序的下降梯度／下降率达到飞行程序设计规范规定的该阶段下降的最大值）或容易触发近地告警。

③ 飞行程序设计或运行标准偏离规章标准，且影响较大。

④ 飞行程序操作难度大。

（2）机场当地气象条件恶劣（频发的风切变、大侧风或紊乱气流、严重的季节性冻雨和冻雾等）。

（3）机场目视助航设备匮乏。

（经中国民航局飞行标准司认定的境内外特殊机场名单见附录C、附录D）

合格证持有人应当保证，在飞往或者飞离特殊机场的运行中担任机长的驾驶员，应当在前12个日历月之内曾作为飞行机组成员飞过该机场（包括起飞和着陆），或者曾使用经局方认可的该机场图形演示设备或者飞行模拟机进行训练并获得资格。但是，如果机场的云底高度，至少高于最低航路高度（MEA）、最低超障高度（MOCA）或者该机场仪表进近程序规定的起始进近高度最低者之上300 m（1 000 ft），而且该机场的能见度至少为4 800 m（3 mile），则进入该机场（包括起飞或者着陆）时，可以不对机长作特殊机场资格要求。

十、飞行机组成员的英语要求

合格证持有人应当对飞行机组成员进行专业英语训练，使其能够在飞行中使用英语进行陆空通话，阅读各种英文飞行手册、资料，使用英文填写各种飞行文件和使用英语进行交流。

（1）自2008年3月5日起，除经局方批准外，未通过局方组织或认可的英语语言能力4级或4级以上等级评定而其执照上低于英语语言能力4级等级签注的，不得在使用英语通话的航线上担任驾驶员。

（2）1960年1月1日（含）以后出生的驾驶员，未获得英语语言能力3级或以上等级签注的，不得参加组类Ⅱ飞机的初始或升级训练。

第三节 机组成员的健康管理

一、体检合格证适用人员

机组成员的健康管理的依据为 CCAR-67《民用航空人员体检合格证管理规则》。

（1）航线运输驾驶员执照、飞机和直升机商用驾驶员执照申请人或者持有人应当取得并持有Ⅰ级体检合格证。

（2）其他的航空器驾驶员、领航员、飞行机械员、飞行通信员执照申请或者持有人应当取得并持有Ⅱ级体检合格证。

（3）机场管制员、进近管制员、区域管制员、进近雷达管制员、精密进近雷达管制员、区域雷达管制员应当取得并持有Ⅲa 级体检合格证；飞行服务管制员、运行监控管制员应当取得并持有Ⅲb 级体检合格证。

（4）客舱乘务员应当取得并持有Ⅳa 级体检合格证。

（5）航空安全员应当取得并持有Ⅳb 级体检合格证。

二、体检合格证的有效期

体检合格证自颁发之日起生效。年龄计算以申请人进行体检鉴定时的实际年龄为准。

Ⅰ级体检合格证有效期为 12 个月，年龄满 60 周岁以上者为 6 个月。其中参加《大型飞机公共航空运输承运人运行合格审定规则》（CCAR-121）规定运行的驾驶员年龄满 40 周岁以上者为 6 个月。

Ⅱ级体检合格证有效期为 36 个月。其中年龄满 40 周岁以上者为 24 个月，年龄满 50 周岁以上为 12 个月。

三、身体缺陷期间的限制

驾驶员已知身体有缺陷或者已知身体缺陷加重，不符合现行体检合格证标准时，不得担任机长或者飞行机组的其他必需成员。

四、禁止使用和携带毒品、麻醉药品和精神药品

担任安全敏感工作的人员，包括机组成员、飞行签派员等，不得使用或者携带鸦片、海洛因、甲基苯丙胺（冰毒）、吗啡、大麻、可卡因以及国家规定管制的其他能够使人形成瘾癖的麻醉药品和精神药品。合格证持有人不得安排明知其使用或者携带了上述禁用毒品和药品的人员担任安全敏感工作，该人员也不得为合格证持有人担负此种工作。

五、饮用含酒精饮料后的值勤限制

对于机组成员、飞行签派员等担任安全敏感工作的人员，如果其呼出气体中所含酒精浓度达到或者超过 0.04 g/210 L，或者在酒精作用状态下，不得上岗或者继续留在岗位上担任安全敏感工作。任何合格证持有人，在明知该员呼出气体中所含酒精浓度达到

或者超过 0.04 g/210 L，或者在酒精作用状态下，不得允许其担任或者继续担任安全敏感工作。

有关人员在担任安全敏感工作过程中，不得饮用含酒精饮料。任何合格证持有人，在明知有关人员在担任安全敏感工作过程中饮用含酒精饮料时，不得允许该人员担任或者继续担任安全敏感工作。

有关人员在饮用含酒精饮料后 8 h 之内，不得上岗值勤。任何合格证持有人在明知该人员在 8 h 之内饮用过含酒精饮料时，不得允许该人员担任或者继续担任上述工作。

案例：机组违反公司驻外管理规定饮酒，进而引发的治安事件

2014 年 6 月某日，某航空公司飞行机组 4 人在外地驻外过夜，计划次日 14 时 15 分执行航班任务，在驻外当晚，乘车外出吃饭时，其中 3 人饮用啤酒。当晚约 9 时许，4 人在乘车返回酒店过程中，带队机长与出租车司机因费用问题发生冲突，打伤司机鼻子，致其右脸红肿，伤势轻微。司机报警，经当地机场派出所调解后，向司机道歉并进行了经济赔偿，机组于次日凌晨 3 时左右返回酒店。公司获知情况后，取消当事机组当日航班任务，安排备份机组替换当事机组执行 6 月 20 日的飞行任务。

六、涡轮发动机飞机的供氧要求

1. 涡轮发动机飞机用于生命保障的补充供氧要求

（1）涡轮发动机飞机用于生命保障的飞机补充供氧要求。

在运行涡轮发动机驱动的飞机时，每个合格证持有人应当根据本条的规定，在飞机上配备生命保障氧气和分配设备以供使用：

① 所提供的氧气量应当至少是为遵守 CCAR-121 部第 121.329 条所必需的量。

② 某一特定运行符合本规则所需要的生命保障和急救用氧气量，应根据座舱气压高度和飞行持续时间，按照为每次飞行和每一航路所制定的运行程序确定。

③ 对具有增压座舱的飞机，氧气量应根据座舱气压高度和下列假设来确定：座舱增压故障发生在供氧需求临界的飞行高度或者飞行中某点，飞机按照飞机飞行手册中规定的应急程序，在不超过其使用限制的情况下，下降到不再需要补充氧气的飞行高度。

④ 发生了这种故障之后，座舱气压高度被认为与飞行高度相同，除非能证明，座舱增压设备任何可能的故障均不会导致座舱气压高度等于飞行高度。在这种情况下，应将达到的最大座舱气压高度作为审定或者确定供氧量的依据，或者它们二者的共同依据。

（2）涡轮发动机飞机用于生命保障的机组成员补充供氧要求。

每个合格证持有人应当按照下列要求为机组成员提供氧气源：

① 在座舱气压高度 3 000 m（10 000 ft）以上至 3 600 m（12 000 ft）（含），应当为在驾驶舱内值勤的每一飞行机组成员提供氧气，他们也应当用氧，并且如果在这些高度上飞行超过 30 min，则对于 30 min 后的那段飞行应当对其他机组成员提供氧气。

② 在座舱气压高度 3 600 m（12 000 ft）以上，应当对在驾驶舱内值勤的每一飞行机组成员提供氧气，他们也应当用氧，并且在此高度上整个飞行时间内，应当对其他机组成员提供氧气。

③ 当要求某一飞行机组成员用氧时，他应当连续用氧，除非为执行其正常任务需要

除去氧气面罩或者其他氧气分配器。对那些处于待命状态的或者在完成此次飞行前肯定要在驾驶舱内值勤的后备飞行机组成员，视为本款第①、②项所述的其他机组成员。如果某一后备飞行机组成员不在待命状态，并且在剩下的一段飞行中将不在驾驶舱内值勤，则就补充氧气要求而言，可以将其视为一名旅客。

（3）涡轮发动机飞机用于生命保障的旅客补充供氧要求。

每个合格证持有人应当按照下列要求为旅客提供氧气：

① 对于座舱气压高度 3 000 m（10 000 ft）以上至 4 300 m（14 000 ft）（含）的飞行，如果在这些高度上超过 30 min，则对于 30 min 后的那段飞行应当为 10%的旅客提供足够的氧气；

② 对于座舱气压高度 4 300 m（14 000 ft）以上至 4 600 m（15 000 ft）（含）的飞行，足以为 30%的旅客在这些高度的飞行中提供氧气。

③ 对于座舱气压高度 4 600 m（15 000 ft）以上的飞行，在此高度上整个飞行时间内为机上每一旅客提供足够的氧气。

2. 具有增压座舱的涡轮发动机飞机应急下降和急救用的补充氧气要求

（1）机组成员供氧要求。

当在飞行高度 3 000 m（10 000 ft）以上运行时，合格证持有人应当向在驾驶舱内值勤的每一飞行机组成员提供足以符合 CCAR-121 部第 121.329 条要求的但供氧时间不少于 2 h 的氧气。所要求的 2 h 供氧量，是飞机从其最大审定运行高度以恒定下降率用 10 min 下降至 3 000 m（10 000 ft），并随后在 3 000 m（10 000 ft）高度上保持 110 min 所必需的供氧量。在确定驾驶舱内值勤的飞行机组成员所需要的供氧量时，可以包括座舱增压失效时 CCAR-121 部第 121.337 条所要求的供氧量。

（2）飞行机组人员氧气面罩的使用要求。

① 当在飞行高度 7 600 m（25 000 ft）以上运行时，在驾驶舱内值勤的每一飞行机组成员均应当配备有一个氧气面罩，其设计应保证能将其迅速取下戴在脸上，适当固定并密封，在需要时能立即供氧，并且不妨碍该飞行机组成员与其他机组成员之间用飞机内话系统立即通话。当在飞行高度 7 600 m（25 000 ft）以上未使用氧气面罩时，它应当保持在备用状态，且位于飞行机组人员在其值勤位置上可以立即取用的范围内。

② 当在飞行高度 7 600 m（25 000 ft）以上运行时，操纵飞机的一名驾驶员应当按照下述规定，始终使用一个固定在脸上、密封并供氧的氧气面罩：

a.如果在驾驶舱值勤的每一个飞行机组成员均有一个速戴型氧气面罩，合格证持有人已经证明用一只手在 5 s 内即可以戴到脸上，适当固定、密封并在需要时能立即供氧，则在低于下述飞行高度（含）时，驾驶员不需要戴上和使用氧气面罩：客座数在 30 以上（不包括任何必需的机组成员座位），或者商载大于 3 400 kg（7 500 lb）的飞机，低于飞行高度层 12 500 m（41 000 ft）（含）；客座数在 31 以下（不包括任何必需的机组成员座位），或者商载不大于 3 400 kg（7 500 lb）的飞机，低于飞行高度层 10 500 m（35 000 ft）（含）。

b.合格证持有人还应当证明，佩戴面罩不妨碍戴眼镜，也不会延误飞行机组成员执行其指定的紧急任务。氧气面罩在戴上后，不得妨碍该飞行机组成员与其他机组成员之间用飞机内话系统立即通话。

③ 当在飞行高度 7 600 m（25 000 ft）以上运行时，如果由于任何一种原因，在任一时刻，操纵飞机的一名驾驶员需要离开其工作位置时，则操纵飞机的另一名驾驶员应当戴上并使用氧气面罩，直至那名驾驶员回到其工作位置。

④ 在每次飞行的起飞之前，每个飞行机组成员应当对其所使用的氧气设备进行飞行前检查，以确保氧气面罩功能正常、固定合适并连接到适当的供氧接头上，且供氧源及其压力适于使用。

（3）旅客供氧要求。

当飞机在飞行高度 3 000 m（10 000 ft）以上运行时，应当向旅客提供满足下列要求的氧气源：

① 经合格审定在飞行高度 7 600 m（25 000f t）以下（含）运行的飞机能在所飞航路的任一点上 4 min 之内安全下降到飞行高度 4 300 m（14 000 ft）（含）以下时，应当按照 CCAR-121 部规定的供氧率为至少 10%的旅客提供 30 min 的氧气。

② 当飞机运行在飞行高度 7 600 m（25 000 ft）（含）以下且不能在 4 min 之内安全下降到飞行高度 4 300 m（14 000 ft）时，或者当飞机运行在飞行高度 7 600 m（25 000 ft）以上时，在座舱释压后座舱气压高度 3 000 m（10 000 ft）以上至 4 300 m（14 000 ft）（含）的整个飞行期间应当能以 CCAR-121 部规定的供氧率为至少 10%的旅客供氧，并且按照适用情况，能够符合 CCAR-121 部第 121.329 条（c）款第（2）和（3）项的要求，但对旅客的供氧时间应当不少于 10 min。

③ 为了对那些由于生理上的原因，在从飞行高度 7 600 m（25 000 ft）以上的座舱气压高度下降后可能需要纯氧的机上乘员进行急救护理，在座舱失密后座舱气压高度 2 400 m（8 000 ft）以上的整个飞行时间内，应当为 2%的乘员（但在任何情况下不得少于 1 人）提供符合 CCAR-25 部第 25.1443 条的氧气源。应当有适当数量（但在任何情况下不得少于 2 个）的经认可的氧气分配装置，并带有一种装置供客舱乘务员使用这一供氧源。

第四节 机组成员值勤期限制、飞行时间限制和休息要求

在实施 CCAR-121 部运行中，应当建立用于机组成员疲劳管理的制度和程序，保证其机组成员符合法规要求的值勤期限制、飞行时间限制和休息要求。

一、用语定义

1. 扩编飞行机组

扩编飞行机组指飞行机组成员数量超过飞机机型要求的操纵飞机的最小值，从而可由其他合格的飞行机组成员替换某一飞行机组成员，被替换的飞行机组成员可在飞行中休息。扩编飞行机组中应至少包含一名具备机长资格和一名具备巡航机长或以上资格的人员。

2. 机上休息设施

机上休息设施指安装在飞机内可以为机组成员提供休息机会的铺位或座位。

（1）1 级休息设施，是指休息用的铺位或可以平躺的其他平面，独立于驾驶舱和客

舱，机组成员可控制温度和光线，不受打扰和噪声的影响。

（2）2 级休息设施，是指飞机客舱内的座位，至少可以利用隔帘与乘客分隔，避免被乘客打扰，可以平躺或接近平躺，能够遮挡光线、降低噪声。

（3）3 级休息设施，是指飞机客舱内或驾驶舱内的座位，应可倾斜 40°，并可为脚部提供支撑。

3. 置 位

置位指机组成员根据合格证持有人的要求为完成指派的飞行任务，作为乘员乘坐飞机或地面交通工具，但不包括其往返当地适宜的住宿场所的交通。置位属于值勤，不能作为休息时间。当置位计入飞行值勤期时，在确定非扩编飞行机组最长飞行值勤时间（表 2-2）时，置位不视作航段。

4. 适宜的住宿场所

适宜的住宿场所指可以控制温度、降低噪声、条件良好的场所，该场所能控制光线亮度，使机组成员可以在床位或椅子上以平躺或接近平躺的姿势睡觉或休息。适宜的住宿住所只适用于地面设施，不适用于机上休息设施。

5. 值 勤

值勤指机组成员按照合格证持有人的要求执行的所有任务，包括但不限于飞行值勤、置位、备份（包括主备份和其他备份）和培训等。

6. 飞行值勤期

飞行值勤期指机组成员接受合格证持有人安排的飞行任务后（包括飞行、调机或转场等），从为完成该次任务而到指定地点报到时刻的开始，到飞机在最后一次飞行后发动机关车且机组成员没有再次移动飞机的意向为止的时间段。一个飞行值勤期还可能包括机组成员在某一航段前或航段之间代表合格证持有人执行的其他任务，但没有安排必要休息期的情况（如置位、主备份、飞机或模拟机培训发生在某一航段前或航段之间，但没有安排必要的休息期）。在一个值勤期内，如机组成员能在适宜的住宿场所得到休息，则该休息时间可以不计入该飞行值勤期的值勤时间。

7. 日历日

日历日指按照世界协调时间或当地时间划分的时间段，从当日 00：00 至 23：59 的 24 h。

8. 主备份

主备份指机组成员根据合格证持有人的要求，在机场或合格证持有人指定的特定地点随时等待可能的任务。

9. 休息期

休息期指从机组成员到达适宜的住宿场所起，到为执行下一次任务离开适宜的住宿场所为止的连续时间段。在该段时间内，合格证持有人不得为机组成员安排任何工作和给予任何打扰。值勤和为完成指派的飞行任务使用交通工具往来于适宜的住宿场所和值勤地点的时间不得计入休息期。

10. 疲劳风险管理系统（FRMS）

疲劳风险管理系统是一种以科学原理和运行经验为基础，通过数据驱动，对疲劳风险进行持续监测和控制，保证相关人员在履行职责时保持充分警觉性的管理系统。

二、飞行机组的飞行时间限制、值勤期限制

在一个值勤期内，合格证持有人不得为飞行机组成员安排、飞行机组成员也不得接受超出以下规定限制的飞行时间：

（1）非扩编飞行机组执行任务时，飞行时间限制如表 2-2 所示。

表 2-2 非扩编飞行机组运行最大飞行时间限制

报到时间	最大飞行时间/h
00:00—04:59	8
05:00—19:59	9
20:00—23:59	8

（2）配备 3 名驾驶员的扩编飞行机组执行任务时，总飞行时间 13 h；

（3）配备 4 名驾驶员的扩编飞行机组执行任务时，总飞行时间 17 h。

如果在飞机起飞后发生超出合格证持有人控制的意外情况，为将飞机安全降落在下一个目的地机场或备降机场，飞行机组成员的飞行时间可以超出以上所规定的最大飞行时间限制以及规定的累积飞行时间限制。若出现任何超出以上所规定的最大飞行时间限制的情况，合格证持有人必须在 10 天内报告局方，报告应该包括以下内容：

（1）对于延长飞行时间限制及本次延长情况必要的说明；

（2）合格证持有人为将此类延长控制在最小范围内而采取的修正措施。若此种情况适用，合格证持有人应在延长飞行时间限制事发当天起 30 天内实施对应的修改措施。

三、飞行机组的飞行值勤期限制

（1）对于非扩编机组的运行，合格证持有人不得为飞行机组成员安排、飞行机组成员也不得接受超出表 2-3 规定限制的飞行值勤期。其中，航段限制数不包括因备降所产生的航段。

表 2-3 非扩编飞行机组运行最大飞行值勤期限制

报到时间	根据航段数量确定的飞行机组成员最大飞行值勤期/h			
	1~4 个航段	5 个航段	6 个航段	7 个航段或以上
00:00—04:59	12	11	10	9
05:00—11:59	14	13	12	11
12:00—23:59	13	12	11	10

（2）对于扩编机组的运行，合格证持有人不得为飞行机组成员安排、飞行机组成员也不得接受超出表 2-4 规定限制的飞行值勤期。

表 2-4 扩编飞行机组运行最大飞行值勤期限制

报到时间	根据休息设施和飞行员数量确定的最大飞行值勤期/h					
	1 级休息设施		2 级休息设施		3 级休息设施	
	3 名飞行员	4 名飞行员	3 名飞行员	4 名飞行员	3 名飞行员	4 名飞行员
00:00—23:59	18	20	17	19	16	18

在扩编机组运行的所有飞行时间内，至少有一名机长或者符合 CCAR-121 要求的巡航机长在驾驶舱内操纵飞机。

在着陆阶段执行操纵飞机任务的飞行机组成员，应在飞行值勤期的后半段获得至少连续 2 h 的休息时间。对于航段时间不足 2 h 的应保证执行操纵飞机任务的飞行机组成员在着陆前得到足够的休息。

（3）起飞前发生意外运行情况下飞行值勤期的延长。

机长和合格证持有人可以将表 2-3 和表 2-4 中允许的最大飞行值勤期延长 2 h。此处规定的将飞行值勤期延长 30 min 以上的情况，只可在获得 CCAR-121 规定的机组成员休息期前发生一次。若此处规定的飞行值勤期延长导致飞行机组成员超出 CCAR-121 规定的累积值勤期限制，则该飞行值勤期不得延长。若出现任何超过表 2-2 或表 2-3 所允许的最大飞行值勤期限制 30 min 以上的情况，合格证持有人必须在 10 天内报告局方，报告应包括以下信息：

② 对于延长飞行值勤期限制及本次延长必要情况的说明。

② 合格证持有人为将此类延长控制在最小范围内采取的修正措施。如适用，合格证持有人必须在延长飞行值勤期限制事发当天起 30 天内实施上述修正措施。

（4）起飞后发生意外运行情况下飞行值勤期的延长。

机长和合格证持有人可以将表 2-3 和表 2-4 中允许的最大飞行值勤期延长至可以将飞机安全地降落在下一个目的地机场或备降机场。此处规定的飞行值勤期延长 30 min 以上的情况，只可在获得 CCAR-121 规定的机组成员休息期之前发生一次。此处规定的飞行值勤期延长可以超出 CCAR-121 所规定的累积飞行值勤期限制。若出现任何超过表 2-2 或表 2-3 所允许的最大飞行值勤期限制的情况，合格证持有人必须在 10 天内报告局方，报告应包括对于延长飞行值勤期限制及本次延长必要情况的说明。

四、飞行机组的飞行时间限制、值勤期限制

飞行机组累积飞行时间包括飞行机组成员在一段时间内代表合格证持有人所执行的所有飞行时间，含按照 CCAR-121 部和之外实施的所有运行，如训练、调机、作业飞行等。

合格证持有人不得为飞行机组成员安排、飞行机组成员也不得接受超过以下规定限制的飞行时间：

（1）任一日历月，100 h 的飞行时间。

（2）任一日历年，900 h 的飞行时间。

合格证持有人不得为飞行机组成员安排、飞行机组成员也不得接受超过以下规定限制的飞行值勤期：

（1）任何连续 7 个日历日，60 h 的飞行值勤期；
（2）任一日历月，210 h 的飞行值勤期。

五、机组成员休息时间的附加要求

（1）合格证持有人不得在机组成员规定的休息期内为其安排任何工作，该机组成员也不得接受合格证持有人的任何工作。

（2）任一机组成员在实施运行的飞行任务或主备份前的 144 h 内，合格证持有人应为其安排一个至少 48 h 的休息期。对于飞行值勤期的终止地点所在时区与机组成员的基地（是指合格证持有人确定的机组成员驻地并接受排班的地方）所在时区之间时差少于 6 h 的，除仅实施全货物运输飞行的合格证持有人外，如机组成员飞行值勤期和主备份已达到 4 个连续日历日，不得安排机组成员在第 5 个日历日执行任何飞行任务，但是前续航班导致的备降情况除外。

（3）如果飞行值勤期的终止地点所在时区与机组成员的基地所在时区之间有 6 h 或者 6 h 以上的时差，则当机组成员回到基地以后，合格证持有人必须为其安排一个至少连续 48 h 的休息期，其中这一休息期应当在机组成员进入下一值勤期之前安排。

（4）除非机组成员在下一个飞行值勤期结束后至下一个飞行值勤期开始前，获得了至少连续 10 h 的休息期，任何合格证持有人不得安排，且任何机组成员也不得接受任何飞行值勤任务。

（5）当合格证持有人为机组成员安排了其他值勤任务时，该任务时间可以计入飞行值勤期；当不计入飞行值勤期时，在飞行值勤期开始前应当为其安排至少 10 h 的休息期。

复习思考题

1. 什么是飞行机组？
2. 某公司的 B737 飞机有 168 个座位，140 位乘客时，至少需要配备多少名乘务员？
3. 一名机长从 B737 机型该机型到 A320 担任机长，需要何种必需的训练？
4. 某公司原有 Y7 型飞机，现引进 B757 飞机，则公司需为驾驶员增加何种训练课程？
5. 机长应当在多少个日历月内，在其所飞的一个型别飞机上通过航线检查？
6. 简述非扩编机组的飞行值勤期限制。
7. 简述飞行员任一日历月、日历年飞行时间限制。
8. 什么是特殊机场？
9. 在 CCAR-121 部中，关于机组人数是如何确定的？
10. 飞行学校 MA60 教员进入 CCAR-121 部航空公司担任机长需要满足哪些条件？
11. 哪几种人可以进入 B737 副驾驶的训练？
12. 根据 CCAR-121 的规定，每多少个日历月需进行一次定期应急演练？
13. 根据 CCAR-121 部的规定，机组成员的安保训练包括哪些内容？
14. 持有单发商照的驾驶员能否在 CCAR-121 部运行中担任副驾驶？

15. 飞行员的定期复训周期是多少个月?
16. 机长受聘后两个月未参加飞行任务，如何保持机长资质?
17. 新副驾驶能否在跑道能见度 1 000 m 操作飞机落地?
18. 驾驶员是否可以用私人飞机建立近期经历?
19. 副驾驶需要多久实施一次航线检查?
20. 在特殊机场运行中担任机长的飞行员应该具备何种资质?
21. 没有英语等级 4 签注的飞行员是否可以飞东京羽田机场?
22. 机组成员从飞行任务结束到返回基地期间的时间可否算入休息期?
23. 飞行机组配备 2 名驾驶员时，驾驶员的飞行时间最长为多久?

第三章

各飞行阶段的运行程序

整个飞行过程包括飞行预先准备、飞行直接准备、飞行实施、飞行后讲评。飞行前准备应包括预先准备和直接准备两部分。

第一节 飞行预先准备

飞行预先准备是飞行过程的第一个阶段，是一次飞行任务的开始。

为满足《中华人民共和国飞行基本规则》飞行前准备的要求，航空承运人应针对飞行前准备的组织实施制定管理程序并编入运行手册，有关飞行前准备的组织实施应满足咨询通告 AC-121-23《关于规范航空承运人飞行前准备的咨询通告》的要求。

飞行人员网上准备系统是为飞行员、乘务员、安全员等提供飞行前预先准备服务的系统，通过该系统飞行人员可以随时随地了解和掌握准确及时的起飞机场、落地机场的相关资料，航行情报，高空云图，各种飞行手册，机场细则，飞机状况，重要文件，气象信息，服务程序，紧急设备等信息，可以有效地提高飞行人员预先准备工作的效率，提高飞行安全。同时，节省准备成本，提高经济效益。

一、工作流程

（1）航空承运人应为机组成员提供预先准备场地及其相关配套设施。如果使用网络准备系统，航空承运人应为网上准备提供全天 24 h 开放的服务器和至少一处可用的网上准备场地（包含上网准备的配套设备）；航空承运人应为网上准备建立专门机构提供网络技术支持，保证飞行机组随时与网络技术部门取得联系，及时解决网络技术问题。

（2）预先准备应在航班起飞前 48 h 至起飞前 12 h 之间完成。航空承运人应对预先准备进行监控。截止到起飞前 12 h 如机组成员仍未进行预先准备，必须与其联系，问明情况，督促其完成。如果因故需推迟或不能进行预先准备，机组成员必须及时与航空承运人相关管理部门进行联系，说明情况。进入直接准备前必须完成不少于 30 min 预先准备。

（3）飞行预先准备的内容包括：领受任务，明确任务性质，起飞时间和要求；研究起飞、降落和备降机场、航线或者飞行区域有关资料；初步了解飞机状况；阅读航空承运人的相关通告；了解天气形势等。

（4）预先准备必须严格按照规定的流程进行，每次准备时间不得少于 30 min。航空承运人应指定措施评估每个飞行人员的预先准备质量。

（5）航空承运人应为新辟航线验证或试飞、专机、包机、飞行操作变化或者其他特殊航班的预先准备制定专门规定。

二、机组成员和相关部门在预先准备工作中的职责

（1）机组成员：清楚地了解自己的航班任务；在规定时间内充分完成预先准备工作。

（2）运行生产部门：制定航班计划；监控飞行前准备情况；对临时出现的各种情况及时进行提醒或调整机组力量。

（3）信息管理部门：为飞行前预先准备提供必要文件和资料；保证网上技术支持的可用性；解答飞行人员的各种技术问题。

三、飞行预先准备内容

（1）飞行人员根据自身实际情况提交个人身体健康信息。

（2）了解机组飞行任务性质、机组构成、起飞时间、飞行航线等运行飞行计划内容。

（3）了解航路点、导航频率、制定高度、安全高度、磁航线角等相关信息。

（4）了解掌握机场跑道状况及夜航灯光布局、进场与离场程序、有关机场仪表进近程序和空中走廊情况。

（5）了解航行、技术通告信息，对飞行、领航、通信等所需资料校正齐全，并保持现行有效。

（6）了解飞机的适航性、性能及运行限制、飞机状况（MEL、CDL）故障保留情况等飞机信息。

（7）了解公司有关安全规章、指令和指示。

（8）了解飞机制造商、局方以及机务工程部/工程技术分公司等相关部门提供的有关飞机的操作通告。

（9）了解公司有关运行规定。

（10）了解该季节的相应气象特征、机场气象形势。

（11）完成规定的机型试题，必须达到合格。

四、典型的准备流程

典型的飞行前准备流程图，如图 3-1 所示。

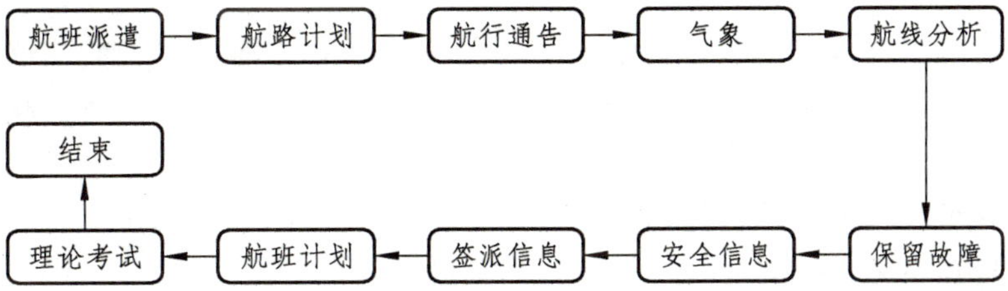

图 3-1 典型飞行前准备流程

第二节 飞行直接准备

完成了网上预先准备后，各航空公司一般都要求机组在航班起飞前 2 h 带齐自己的飞行证照、装具到达准备区进行飞行前准备。此时的准备就具有较强的针对性，主要有以下工作需要完成：领取飞行任务书、机组护照（或通行证）和飞行资料，阅读起降机场、备降机场天气资料、通告等。

机长在飞行前准备时应对飞行任务进行合理分配，根据每名机组成员的年龄、技术、性格、飞行经验、英语水平等特点，合理搭配机组力量。

一、机组成员和相关部门在直接准备工作中的职责

（1）机组成员：按时完成直接准备的各项工作，认真落实各项准备程序和内容，确保准备质量，有特殊情况及时通知相关部门。

（2）飞行调度：提供最新的航班信息，负责航班人员的落实；提供有效的航班任务书、机组成员护照和港澳通行证。监控机组成员签到情况，负责安排后勤与综合保障服务。

（3）飞行签派员或驻外办事处航务人员或其代理人的工作职责：向每一个预定航班机组成员提供飞行运行所必需的有效文件资料（气象资料、航行通告、飞行计划、起飞油量、计划的航路二次放行、签派放行单等）。

二、直接准备工作的要求

航空承运人应规定机组成员直接准备的时间及进场时间。航空承运人应为机组成员提供直接准备工作的场地及配套设施，该场地根据飞行适用情况满足下述功能要求：

（1）签到：机组人员考勤，提供航班动态信息。

（2）情报室：向机组提供齐全、有效的飞行资料及相关用具。

（3）签派放行：向机组提供气象资料、航行通告、飞行计划、起飞油量、特殊运行、签派放行服务。

（4）护照室：向国际（地区）航班机组提供飞行所需护照、港澳通行证等。

（5）机组准备区：用于机组直接准备并召开机组会。

三、飞行直接准备文件

1. 飞行任务书

飞行任务书是机组执行飞行任务的必备文件，也是有关部门进行数据统计、核对飞行时间的依据。在航前预先准备时，机组须根据飞行任务书核实本次飞行的起飞时刻、飞机号、起降机场。

当日飞行责任机长或机长授权指定人员负责准确填写：飞机的注册号、日期、航班号、飞行机组成员的姓名和职责分配、起飞和到达时间、地点、实际起飞时间（ATD）、实际到达时间（ATA）、飞行时间、燃油量、起飞全重等信息，并对《飞行任务书》填写的全部内容负责。当出现航班不正常等情况时，应在备注栏中说明原因。最后航段结束后，应按照任务书重量单位填写飞机剩余油量。

飞行机组在进场前到飞行部运行值班室领取飞行任务书，检查和填写以上内容并签字，其他飞行资料到签派放行处领取。飞行任务书的样图如图 3-2 和表 3-1 所示。

飞行任务书

Flight Mission Certificate

机型机号：________ 机组天气标准：________

航班号：________ 飞行性质：________

起飞日期及时间：________

航线：________

机长：________ 副驾驶：________

第二机长：________ 检察员：________

飞行机械员：________ 飞行指挥员：________

乘务长：________ 空警：________

乘务号：________

随机飞行人号：________

随机工作人号：________

机长仪表等级：________ 飞机飞行设备：________

飞机结构重量：________ 飞机使用空重：________

最大起飞全重：________ 最大着陆全重：________

（派遣单位领导盖章） （派遣单位盖章）

年 月 日

图 3-2 飞行任务书

表 3-1 飞行任务书记录表

月/日	起降机场	飞行机组			飞行动态					飞行时间				燃油（公斤）			载运量（公斤）					起飞全重（公斤）
		左座	右座	起落操作者	滑行起始	起飞时间	降落时间	滑行终止	进近方式	地面时间	空中时间	其中夜间时间	合计时间	原存	新加	合计	乘客人数	行李（公斤）	邮件（公斤）	货物（公斤）	商务重量（公斤）	
					:	:	:	:		:	:	:	:									
					:	:	:	:		:	:	:	:									
					:	:	:	:		:	:	:	:									
					:	:	:	:		:	:	:	:									
共计																						

飞行时间	:	夜航时间	:	备注
	架次	执勤时间		

2. 签派放行文件

航空公司中每次飞行必须获得飞行签派员明确批准方可实施。飞行签派员应在起飞前大约两小时根据飞行情况、机场航线情况、天气情况、航线通告情况等进行放行评估，做出放行、延误或取消的决策。并根据飞行资料制作计算机飞行计划，准备签派放行资料包。包括：签派放行单；气象资料；航行通告；计算机飞行计划；领航计划报等。

（1）签派单和放行单。

① 国内、国际定期载客运行的签派单。

签派单应当至少包括每次飞行的下列信息。

a. 飞机的国籍标志、登记标志、制造厂家和型号。

b. 承运人名称、航班号和计划起飞时间。

c. 起飞机场、中途停留机场、目的地机场和备降机场。

d. 运行类型说明，例如仪表飞行规则、目视飞行规则。

e. 最低燃油量。

签派单应当至少包括或者附有下列文件：

a. 在机长与飞行签派员签署放行单时可以获得的关于目的地机场、中途停留机场和备降机场的最新天气实况报告和预报。签派单还可以包括机长或者飞行签派员认为必需的或者希望具有的其他天气实况报告和预报。

b. 飞行计划。

c. 航行通告。

定期载客运行签派放行单示例：

```
CCA 4515 /01FEB21 SCHEDULE CTU 2350Z - SHA 0230Z
ETD CTU 2350Z - SHA 0230Z

AIRCRAFT DATA
REG B305H /MPAK     ENGTYPE PW1133G
AIRCRAFT PERFORMANCE ALL STRUCTURE LIMITED WEIGHTS IN KGS:
MTAXIW 093900  MTOW 093500  MLDW 079200  MZFW 075600  OEW 052149
TAXIWT  81624  BRWT  81524  LDGWT 76243  ZFWT  71201  PLD  19052

ALTERNATE 1-ZSOF   ALTERNATE 2-     TAKEOFF ALTERNATE-
FUEL SUMMARY
BURN          5281
BACKUP        5042
TAXI/APU      100
TOTAL         10423

TIME SUMMARY
CTU/ZUUU - SHA/ZSSS  01.59
```

FILED ATS PLAN
(FPL-CCA4515-IS
-A21N/M-SDE3FGHIRWYZ/EB1
-ZUUU2350
-K0855S0890 OGOMO H143 GAO B213 WHA R343 PK
-ZSSS0159 ZSOF
-PBN/A1B1C1D1L1O2S2 NAV/ABAS DOF/210301 REG/B305H
EET/ZHWH0043 ZSHA0120
SEL/MPAK CODE/7815C3
RMK/ACAS II)

---------------------DISPATCH NOTES TO CREW---------------------

RECEIVED THE NOTIFICATION OF FLIGHT CANCELLATION OR REPLACEMENT OF OTHER AIRCRAFT, PLEASE INFORM AOC THE REMAINING FUEL OF THE AIRCRAFT WHEN THE FLIGHT HAS BEEN REFUELED.TEL:010-64537306

---------------------END OF DISPATCH NOTES---------------------

I HEREBY ACCEPT THE DISPATCH RELEASE AND ACCESSARY INCLUDING OPERATIONAL FLIGHT PLAN, WX AND NOTAM INFO.

DISPATCHER - (SIGN HERE)
CAPTAIN - (SIGN HERE)

② 补充运行的飞行放行单。

飞行放行单应当至少包括每次飞行的下列信息：

a. 公司或者机构的名称。

b. 飞机的国籍标志、登记标志、制造厂家和型号。

c. 航班或者航次和飞行日期。

d. 每一飞行机组成员、客舱乘务员和机长姓名。

e. 起飞机场、目的地机场、备降机场和航路。

f. 运行类型说明，例如仪表飞行规则、目视飞行规则。

g. 起飞最低燃油量。

飞机飞行放行单应当含有或者附带目的地机场和备降机场的最新天气实况报告、预报或者两者的组合。放行单还可以包括机长认为必需的或者希望具有的其他天气实况报告和预报。

（2）气象资料。

气象资料必须包括所飞航路的预报、出港及进港航站以及备降场航站的天气实况和航站天气预报、影响飞行安全的特殊天气，诸如台风、雷暴、风切变、火山灰等情况。遇有恶劣天气时，机长应与签派员、气象预报员一起研究天气，并充分利用雷达、卫星云图等资料，拟定安全飞行的方案。

检查起降机场天气实况和预报，是一项重要的任务。根据运行手册规定，机组运行标准取下列标准的最高值，杜绝超标准起降等违章事件发生：运行规范批准的最低气象标准；机场资料公布的机场最低气象标准；飞行机组最低气象标准；飞行手册给出的飞机限制。

对于 1 h 左右的短程航线，机组主要参考目的地机场的天气实况；对于 2 h 或更长的航线，尤其是远程国际航线，主要参考预计到达时间段的天气预报和预计到达时间段备降机场天气预报。如果着陆机场为边缘天气，机组在飞行准备时一定要有预案。机组要对着陆机场、备降机场天气及其变化趋势进行认真研究，熟悉并掌握公司燃油政策。在边缘天气下进近前，机组要进行良好的沟通，随时掌握天气变化，掌握备份油量。如需等待，一定要有最低能接受的底线，并留有余地。

（3）航行通告。

航行通告必须包括与此次飞行有关的任何已知的在使用的导航设备、机场、空中交通管制规则等方面的变化，以及已知的对飞行的危险，包括结冰和其他危险气象条件、地面和导航设施的不正常等。机组收到通告后必须仔细认真阅读与此次飞行有关的所有内容。

机组进行飞行前准备时，要认真阅读起降机场通告。平时经常飞的机场，也不能因轻车熟路而忽视航行通告。对于陌生的机场，或者是间断时间较长的机场、新开航机场，机组更应认真研究机场细则、航行通告。临时性的机场设施变化、管制要求都在航行通告中得到体现，机组可以从中得到跑道或滑行道临时关闭、翼展限制、地面导航设施状况和减噪要求等信息。

① 航行通告简介。

a. 航行通告用以发布关于航行设备、服务、设施、程序以及危险情况的建立（出现）、撤销和更改等情况。

b. 我国现行航行通告分为 A、E、F、G、L、U、W、Y、C 和 D 十个系列，其中 A、E、F、G、L、U、W、Y 系列的航行通告为国际系列；C 系列为国内系列；D 系列为地区系列。

c. 此外，还有两个特殊系列的航行通告，即 S 系列的雪情通告和 V 系列的火山通告，目前我国仅接收，不再发布 V 系列火山通告。

② 航行通告格式和内容。

a. 航行通告样例。

GG ZBAAOIXX

011159 ZSSSOFXX

（C0331/14 NOTAMN

Q） ZSHA/QFALC/IV/NBO/A/000/999/3112N12120E005

A） ZSSS B） 1406070000 C） 1406090230

D） 0000-0230 DLY

E） AD CLSD DUE TO WIP.）

b. 格式说明。

i. 报头部分包括电报等级和收电地址，以及签发时间和发电地址。样例中 GG 为电报等级（急报），也可为 DD（特急报）011159 为签发时间，表示 01 日 11 时 59 分。

ii. 系列编号和航行通告标志。

样例中 C0331/14 表示 2014 年发布的 C 系列第 331 号航行通告 NOTAMN 代表航行通告标志，航行通告标志分为三类，其中：NOTAMN 表示新航行通告、NOTAMR 表示代替航行通告（代替航行通告生效的同时，被代替航行通告失效）、NOTAMC 表示取消航行通告（自取消航行通告发布之时起，两份航行通告同时失效）。

iii. Q）项为限定行。

样例中：Q）ZSHA/QFALC/IV/NBO/A/000/999/3112N12120E005 为限定行，该行主要是用于飞行人员和有关部门对航行通告进行提取、查询和检索。

iv. A）项为发生地、B）项为生效时间、C）项为失效时间。

样例中：A）ZSSS B）1406070000 C）1406090230 表示上海虹桥机场发布，生效时间为 2014 年 6 月 7 日零时，失效时间为 2014 年 6 月 9 日 2 时 30 分。

当 C）项出现“EST”时，表示预计失效时间；当 C）项出现“PERM”时，表示永久有效。

v. D）项为分段生效时间。

样例中：D）0000-0230 DLY 表示每日零时至 2 时 30 分生效。

vi. E）项为航行通告正文。

样例中：E）AD CLSD DUE TO WIP.）表示机场由于施工关闭。

③ 雪情通告。

a. 雪情通告（SNOWTAM）是一种特殊系列的航行通告，以一种专门格式通知由于活动区内有雪、冰、雪浆或与雪、冰、雪浆有关的积水而存在危险情况，或这种险情的排除。

b. 收到雪情通告时意味着跑道、停止道、滑行道、停机坪上有积雪、结冰、雪浆或者跑道灯被积雪覆盖。

c. 国外发布的雪情通告使用世界协调时（UTC），我国发布的雪情通告使用北京时。雪情通告的有效时间最长不得超过 8 h。

d. 雪情通报的电报等级通常使用 GG，使用系列为 S，其他 NOTAM 规定相同。

e. 飞行员应注意雪情通告的有效时间，对道面的污染区域以及污染程度，以及雪情的趋势。

样例：

GG ZSSSOFXX

170239 ZBTJOIXX

SWZB0151 ZBTJ 02170230

（SNOWTAM 0151

ZBTJ

02170155 16L 2/5/2 100/50/75 04/03/04 SLUSH/DRY SNOW/WET SNOW

02170230 16R 2/5/5 75/100/100 04/03/NR SLUSH/SLUSH/SLUSH 50

RWY 16L REDUCED TO 3000.DRIFTING SNOW.RWY 16L CHEMICALLY TREATED.RWY 16R CHEMICALLY TREATED.RWY 16L SNOWBANK R20 FM CL.TWY A W SNOWBANK.RWY 16R ADJ SNOWBANKS.ALL TWY POOR.SOUTH DEICING APRON POOR.

RWY 16R WIDTH 50M AVBL，20M FM RCL LEFT，30M FM RCL RIGHT）

④ 火山通告。

a. 火山通告标志为ASHTAM，使用系列为V。火山通告的最长有效时间为24 h，当火山活动发生重要变化时，或告警等级发生变化时，情报部门会立即发布新的火山通告。

b. 国际分发的火山通告使用英文和简缩字编写，时间使用UTC时。

c. 飞行员应关注火山位置，警告等级，火山灰影响区域，影响航路，尤其是否存在航路关闭，以及火山灰的移动趋势。

d. 表3-2给出了告警等级类型，表3-3为火山通告翻译样例。

表3-2 火山通告告警等级

告警色码等级	火山活动状况
红色告警 RED ALERT	火山正在爆发。报告的火山灰柱（云）高于FL250； 火山存在危险，有可能爆发，预计火山灰柱（云）高于FL250
橙色告警 ORANGE ALERT	火山正在爆发。火山灰柱（云）没有达到 FL250；且预计不会达到FL250； 火山存在危险，有可能爆发，预计火山灰柱（云）不会达到FL250
黄色告警 YELLOW ALERT	火山活动频繁而且近期明显加强，据分析当前无爆发的危险，但应密切观测； （火山爆发一次之后，即从红色或橙色告警变成黄色告警）火山活动明显减弱，据认为当前无爆发的危险，但应密切观测
绿色告警 GREEN ALERT	据分析火山活动已停止，火山恢复正常状态

表3-3 火山通告翻译样例

样　例	翻　译
（ASHTAM 0319	火山通告标志和序号
A）UJUNG PANDANG FIR	受影响区域；乌戎潘当飞行情报区
B）10261307	火山第一次爆发时间：10月26日13时7分
C）MERAPI 0603-25	火山名称：MERAPI　编号：0603-25
D）S073200E1102600	火山位置：坐标S073200E1102600
E）RED	告警等级：红色
F）SFC/FL150 S0710E11035-S0755E11035- S0815E10935-S0710E11035	火山灰云影响的垂直范围内：地面至FL150 火山灰云影响的水平范围坐标点连线区域
G）MOV W 15 kt	火山灰云移动趋势：预计向西移动，速度15 kt
H）W17，W17S	受影响航路：W17和W17S
I）NIL	关闭航路：无
J）INFO SOURCE：MTSAT-2，CVGHM	信息来源：2号多功能运载卫星，由部门（CVGHM）提供
K）ERUPTION DETAILS：…	详细情况：略

案例 1：飞行直接准备中航行通告的阅读

2014 年，某航空公司 CRJ900 型飞机执行重庆至贵阳航班，在重庆机场 20R 号跑道起飞滑跑时与跑道上摆放的一块禁行标志牌发生碰撞，飞机机身多处受损，机上和地面人员无伤亡。8 月 25 日，重庆江北机场报重庆空管分局发布航行通告，内容为 8 月 26 日至 9 月 15 日，因施工需要每日 02：30 至 06：30 关闭 02L/20R 部分跑道，以及若干滑行道和联络道。8 月 26 日凌晨 02：03，重庆机场场务向塔台申请进入 20R 号跑道摆放禁行标志，准备进行不停航施工，塔台同意，随后机场场务从跑道南端开始摆放标志牌。02：17，塔台指挥此航班进入 20R 号跑道，02：19 塔台发布起飞许可，飞机随即开始起飞滑跑。39 s 后，塔台向机组发布中断起飞指令，机组立即按指令中断起飞，飞机滑跑速度最高至 133n mile/h（空速），其间飞机与跑道上摆放的一块禁行标志牌碰撞，02：20 飞机在跑道上停止。

（4）领航计划报（FPL）

飞行计划表/单必须是一种标准格式，是每次飞行必不可少的主要文件之一，主要包含以下内容：

① 航空器识别标志。

② 飞行规则和飞行种类。

③ 航空器架数、型号和按尾流分类。

④ 设备（无线电通信、导航和进近设备）。

⑤ 起飞机场和时间。

⑥ 巡航速度、飞行高度、航路走向、各航路点等。

⑦ 目的地机场、飞行时间、备降机场。

⑧ 其他资料（航空器注册标志、选择呼叫号码、飞行情报区边界代码和累计预计经过时间或累预计整个航班总时间）。

⑨ 补充资料（续航能力、机上人数、应急和救生设备、机长姓名）。

领航计划报示例：

• （FPL－CCA501－IS
-B747/H－SDHI/C
-ZBAA1400
-N0480F330 CD SJW WXI285036/M082F310 A461 36Nl15W
-ZGGG0240 ZGSZ
-REG/B2442 SEL/DFCH EET/ZHCC0100）

•（FPL-CCA965-IS
-B77W/H-SDE3FGHIJ3J4J5RWYZ/LB1
-ZBAA1800
-K0901S0920 YV B334 PIDOX A575 UKBAD/K0893S0980 A575 INTIK A575
UDA R372 AMUTA/ N0425F240 T173 KERAX KERAX1M
-EDDF0956 EDDB
-PBN/A1B1C1D1L1O1S2 NAV/ABAS REG/B2037
EET/ZMUB0053 UNKL0258 USTR0435 UUYY0549 ULWW0648 EETT0747

EVRR0815 EPWW0849 EDUU0901 EDGG0930

SEL/GJPQ

RIF/MOLOK P31 LOGNA P31 BALIT G805 OLMOR B65 LATMI M865 ROE M743 ALM ALM1B EKCH

RMK/ACAS II）

（5）计算机飞行计划（CFP）。

计算机飞行计划由飞行签派室制定，其内容除包含了 ATC 飞行计划的内容外，以尽可能接近实际的重量、气象条件等进行计划飞行，以使燃油消耗最小，增加商载，而确定最佳的飞行程序。计算机飞行计划应包括：

① 航路点。

② 航路坐标识别代号。

③ 离开航路点的航道。

④ 航段的预报风，偏流或偏流修正。

⑤ 预报的温度及真空速。

⑥ 航段距离、预计地速及航段预计时间。

⑦ 每个航段的预计耗油量。

⑧ 累积距离、时间和剩余燃油量。

计算机飞行计划（CFP）的识读

计算机飞行计划是航空公司签派放行系统中重要的一部分，此系统是按照 CCAR-121 部和公司的《运行手册》中规定的燃油政策，结合航班的运行数据（如航班预计商载）、高空气象预报数据、飞机的性能数据和导航资料等，利用计算机系统，计算出每一航班的飞行的具体计划和安排。计算机飞行计划也是航空公司提高飞行安全、节约运营成本，减少燃油消耗、提高航空公司的运行控制水平的重要工具。

现国内航空公司常用的计算机飞行计划系统主要包括：Sabre 公司的 SOC DM 系统、SITA 公司的 Graflite 系统和 Jeppsen 公司的 Jet planner。但是无论航空公司采用哪一系统，制作计算机飞行计划的原理和数据模块都是大致相同的，下面以 SOC DM 系统为例详细介绍计算机飞行计划的识读。

a. 性能剖面部分。

```
FTPCFP XXXXXXX                          ①
ACFTTYPE A321-271 PW1133G               ②
TAXY OUT 100                            ③
PERFORMANCE SUMMARY
CLIMB-X300M78                           ④
CRUISE-X2EC135                          ⑤
DESCENT-XM78300                         ⑥
------------------------------------------------------------
```

解析：

① 计算机计划参考号。

② 机型、发动机型号。
③ 滑出油。
④ 爬升模式。
⑤ 巡航模式。
⑥ 下降模式。

b. 燃油摘要部分

```
FUEL  TIME  CORR  BRWT  LDGWT  ZFWT  REGN                           ①
DEST ZSSS     5281  01.59....81524  76243  71201  B305H             ②
CONT 5%       600  00.14....(MIN CONT      600)                     ③
DEST HOLD       0  00.00 ....AVG W/C P063 ISA DEV P013              ④
ALTERNATE     2241  00.51.... ZSOF FL 301 268 452 W/C M56           ⑤
FNL RESERVE   1000  00:30 ....                                      ⑥
REQD          9122  03.34....                                       ⑦
EXTRA ALT      331  00.10                                           ⑧
EXTRA DST      870  00.20 (CPT  0  DSP  0  FOD   0   MAN  870)      ⑨
TAXY OUT       100                                                  ⑩
TOTAL        10423  04.04                                           ⑪
```

解析：

① 油量、时间、修正值、起飞重量、着陆重量、无油重量、飞机注册号。
② 起飞机场至目的地机场耗油和时间。
③ 不可预期燃油。
④ 目的地机场等待油和时间、航路平均风分量（kt）、标准大气模型偏离值。
⑤ 目的地备降油和时间、备降场、备降高度层（100 ft）、备降距离（n mile）平均真空速（kt）、平均风分量（kt）。
⑥ 最后储备燃油。
⑦ 所需燃油。
⑧ 备降机场额外油量。
⑨ 目的地机场额外油量。
⑩ 滑出油量。
⑪ 总油量。

c. 飞行主计划。

```
POINT FIR                                                              }
POSITION  LAT LONG    T/C M/C TAS AIRWAY TMP  ZND  ZNT  FUEL           } ①
FREQY    FL  WIND     T/H    GS MAC SR TRP DIST TIME  REM              }
-------------------------------------------------------------------
ZPKM                                                                     ②
ZUUU N30 34.7 E103 56.8  DEPARTURE MANEUVERING   TAXIFUEL 100
TKOFFUEL 10323                                                           ③
UU402 N30 40.4 E103 59.5 022 024 174 OGO9W  M030  6 00.02 264
```

CLB 163002 24 175 6 53 6 00.02 10159
UU403 N30 45.2 E104 08.1 057 058 273 OGO9W M030 9 00.02 415
CLB 163003 59 274 6 53 15 00.04 10008 ④
……
TOPC N30 46.6 E106 13.7 137 139 461 B213 M030 3 00.00 1631
291 266066 145 500 6 53 128 00.19 8792 ⑤
ANSAR N30 39.4 E106 21.4 137 139 461 B213 M030 10 00.02 1685
291 266066 145 499 76 6 53 138 00.21 8738
……
ZHWH WUHAN CHINA
LOTMO N30 14.9 E109 26.1 073 075 462 B213 M029 43 00.05 2658
291 261076 74 537 76 8 53 328 00.43 7765
……
ZSHA SHANGHAI CHINA
MIDOX N31 19.3 E115 52.9 069 074 459 R343 M031 33 00.04 4310
291 264091 71 547 76 8 53 669 01.20 6113
……
TOD N31 38.1 E119 23.2 090 098 459 R343 M031 1 00.00 5177
291 265100 99 559 7 53 853 01.40 5246 ⑥
……
PK N31 17.1 E121 19.9 109 115 311 R343 M030 12 00.02 5370
208.0 DES 016021 111 311 7 53 956 01.58 5053 ⑦
ZSSS N31 11.9 E121 20.2 177 183 311 DCT M030 5 00.01 5381
024007 183 317 7 00 961 01.59 5042
GREAT CIRCLE DISTANCE 898 N.M. AIR DISTANCE 816 ZUUU TO ZSSS
FLT PLAN BASED ON 0112Z/ PROGS ⑧

解析：

① 航路点、纬度、经度、真/磁航迹、真空速（kt）、航路、飞行高度层平均温度（℃）、航段距离（n mile）、航段时间、累计耗油、频率、高度层（100 ft）、风向、风速（kt）、真航向、地速（kt）、马赫数、切变率（kt）、对流层顶高度层（100 ft）、累计地面距离（n mile）、累计飞行时间、机载剩油。

② 飞越情报区（昆明情报区）。

③ 成都双流机场、经纬度、离场航段、滑行油量、起飞油量。

⑤ 爬升顶点航路计划。

⑥ 下降顶点航路计划。

⑧ 起飞机场至目的地机场的大圆航线距离和空中距离（n mile），计算机计划的大气数据来源。

d. 巡航阶段高空风温摘要。

```
TOC   FL291 274/85  FL311 270/105 FL331 266/122 FL351 263/131
                    M39          M39          M40            M42
ESPEG FL291 274/85  FL311 270/105 FL331 266/122 FL351 263/131
                    M39          M39          M40            M42
   ......
TOD   FL291 268/114 FL311 267/130 FL331 266/143 FL351 265/151
                    M33          M34          M36            M39
------------------------------------------------------------------
```

解析：

航路点、高度层（100 ft）、风向/风速（kt）、飞行高度层的平均温度（℃）。

e. 备降计划。

```
ALTERNATE AIRPORTS SUMMARY
FMSDIVRTE  FL  WC   ETI   ZFW  TRIP RQDFOB NM                      ①
ALT1                                                               ②
HFE/ZSOF SHAHFE/Z01  301 M056 00.51 71201 2241  9553  268
ZSSS DCT POMOK G330 UNTAN G345 OLRIS R343 MADUK DCT ZSOF           ③
------------------------------------------------------------------
```

解析：

① 备降场代码、备降航路代号、备降高度层（100 ft）、平均风分量（kt）、备降时间、无油重量、备降耗油、所需燃油、备降距离（n mile）。

② 第一备降机场。

③ 航路计划。

四、航空资料汇编（AIP）

1. 航空资料汇编的结构

（1）航空资料汇编是指由国家发行或国家授权发行，载有空中航行所必需的具有持久性质的航空资料出版物，是国际航空所必需的可用于交换的持久性航空资料。航空资料汇编英文缩写为 AIP（Aeronautical Information Publication）。我国出版两种不同的 AIP，分别为 NAIP 和 AIP。

① NAIP 为《中国民航国内航空资料汇编》，是中国民用航空器进行境内飞行的综合性航空资料，采用中文编辑出版。

② AIP 为《中华人民共和国航空资料汇编》，是外国民用航空器在我国境内飞行必备的综合航空资料，采用中、英两种文字编辑出版。在 AIP 中仅包含我国经批准的国际机场及其他对外开放的机场、航路、设施以及有关的规章制度等内容。

（2）NAIP 和 AIP 均由三个部分组成，分别为：总则（GEN）、航路（ENR）、机场（AD），图 3-3 所示为 NAIP 结构。

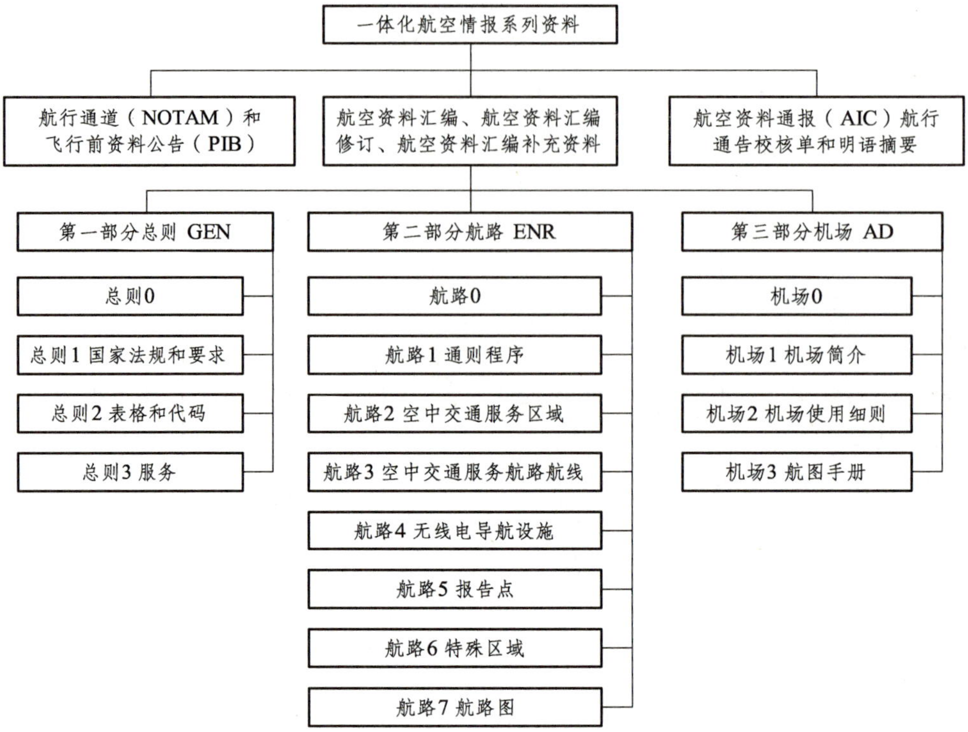

图 3-3 NAIP 结构

2. 航空资料汇编的内容

由于 NAIP 与 AIP 使用对象不同，三部分内容存在一定差异，但每部分针对飞行员可获取的航空资料是相似的，以下分别说明。

（1）总则（GEN）。

总则主要包括：国家法规与要求、相关表格和代码，以及服务等内容。

飞行员可以从中快速查阅到航空负责当局及其地址，航空运行中所依据的法律法规，以及计量系统、简缩字、航图符号、地名代码、无线电导航设施表、数据换算表、日出日没表等重要运行参考信息。

总则的服务部分给出了相关航空服务的信息，包括航空情报服务、航图、空中交通服务、通信导航监视服务、气象服务、搜寻和救援服务。

（2）航路（ENR）。

航路主要包括通则和程序、空中交通服务区域、空中交通服务航路航线、导航设施、报告点、特殊区域、航路图等内容。

飞行员可以从中快速查阅到在我国境内运行时，飞行各阶段必须遵循的管制运行规定，通信与联络要求，起飞和着陆的尾流间隔，目视与仪表运行规则，高度表拨正程序，飞行高度层配备。本部分还提供了我国飞行情报区、区域管制的划分及其范围。同时可以按字母顺序快速检索航路、导航台、警告区域等信息。

（3）机场（AD）。

机场主要包括机场简介、机场使用细则、航图手册。

飞行员可以从该部分快速查询到某一机场的地理位置信息，工作时间，地勤服务和设施，救援与消防服务，道面以及引导信息，机场周边障碍物信息，跑道物理特征，进近和跑道灯光配备等重要信息。

3. 航空资料汇编的一般规范说明

（1）航空资料汇编均采用活页资料形式出版，分册发行。飞行员可以根据自己检索资料内容选择分册使用。

（2）航空资料汇编中，每一页上都印有易于查找的页码标志、资料出版日期和生效日期。飞行员应特别注意资料的生效日期。

（3）若航空资料中存在 3 个月以上的临时变更，或篇幅大、图表多的临时数据，这些数据将会以航空资料汇编补充 SUP 的形式予以公布。SUP 为不定期发布资料，以黄色纸张印刷。

（4）航空资料汇编内容存在对飞行有重要意义的变更，应发布航空资料汇编修订 AMD。每期航空资料汇编修订单中，应标明修订资料汇编的名称、编号、出版部门、出版日期和生效日期等信息。修订页中主要变动内容会以明显的符号和文字注释给予提示，飞行员应特别关注。

五、机组准备会

机组准备会议由机长召集并组织，机组全体人员参加，各工种汇报准备情况；机长检查落实各工种准备情况；明确机组分工，密切协助配合；检查执行飞行任务所需各种证件。证书齐全有效；听取安全员对近期安全形势的汇报，共同确定空防措施；检查飞行所需文件、证书齐全有效；根据任务性质，对安全飞行和服务提出要求。

机组准备会内容由机长指派一名机组成员进行认真记录。

六、飞行前直接准备工作流程

1. 进 场

（1）执行航班任务的机组成员应当在计划起飞前 1.5 h 到达执行任务的准备地点报到。专机、包机和其他特殊运行需要按照公司相关时间规定提前准备。

（2）当遇到有机组换人、航班延误等情况时，由飞行签派员或飞行部值班领导负责安排，并与机长重新确定进场时间。

（3）机组所有成员在准备室按公司飞行前直接准备检查单（如有）进行准备，以免出现漏、忘、错。某航空《公司飞行前直接准备检查单》如表 3-4 所示。

表 3-4 公司飞行前直接准备检查单样图

到达准备室
责任机长应召集机组成员，按检查单逐项进行检查
FOC 网上预先准备……完成
签派室 放行……协商 飞行签派放行资料清单……领取 气象资料……领取 CFP……领取 签派放行单……签字/领取 情报室 飞行资料包……核对/领取 FIB……领取 运行值班室 飞行任务书……核对/领取 飞行机组成员三证及装具……齐全
准备内容
飞行任务及日期、进场时间……明确 航班号及起飞时间……明确 机型、机号及机型飞行限制数据……明确 机组人员及分工、协同……明确 所飞航线数据……清楚 最新航行通告……签阅 飞机技术、性能通告……清楚 起、降机场及备降机场的气象……签阅 起、降机场及备降机场进/离场程序……熟悉 起、降机场及备降机场滑行路线……熟悉 起、降机场及备降机场停机位……熟悉 起、降机场燃油保障情况……清楚 特情处置预案……落实
空防预案……落实 雷雨绕飞/防冰除冰 方法……明确
专机、军运及重要飞行
责任机长应组织机组在飞行前一天进行集中预先准备
验证、试验飞行
责任机长应组织机组在飞行前一天进行集中预先准备 除按预先准备检查单进行检查外，还应执行以下检查项
新机场净空条件、障碍物分布……清楚 新机场使用细则、进离场方法、特点……清楚 新航线最低安全高度、各航路点的高度和速度的限制……清楚 新机场标高对飞机、发动机性能的影响……清楚 新机场标高对起飞、着陆重量、距离的要求和限制……清楚 备降场、备降航路选择……明确 单发处置程序……明确 座舱释压处置程序……明确

2. 飞行前资料检查

根据各航空公司的运行手册，每次飞行前都需要检查机载资料是否齐全，可能因为运行类型的不同而需配备更多的手册和检查单，但至少应包括下列资料：

（1）随机必备证书。

① 民用航空器国籍登记证。

② 民用航空器电台执照。

③ 民用航空器标准适航证。

④ 飞机噪音证书。

（2）机组必带手册和资料。

① 飞行任务书。

② 签派放行文件。

③ 现行有效的航路图、航图和航行手册。

④ 装载舱单。

⑤ 故障保留项目单。

⑥ 起飞性能分析手册。

此外，合格证持有人应保证飞机上必须配备最新版本的局方要求的各种手册，包括飞行记录本、飞机飞行手册（AFM）、飞行机组操作手册（FCOM）、最低设备清单（MEL）、构型偏离清单（CDL）、快速检查单（QRH）等。

（3）机组证件和工具。

① 局方航线运输各类机组人员执照。

② 中国民航空勤登机证。

③ 航空人员体检合格证。

④ 危险品运输训练合格证。

⑤ 应急生存训练合格证。

⑥ 身份证、台胞证或护照。

⑦ 国际预防接种证书（国际或地区航线飞行）。

⑧ 工作良好的手电筒。

因个人原因造成证件或飞行资料不全，而影响航班运行的，公司会按相关规定进行处理。

3. 飞行前准备

（1）飞机准备。每次飞行前，机组都应认真查阅《飞机飞行记录本》，应当清楚地了解上次飞行结束时在记录本上所填写的所有故障的处置情况，必要时还应向机务人员进行详细了解（包括 MEL、CDL），根据飞机故障保留单注明的故障内容，认真查阅该机型《最低设备清单》的有关条件，明确其“O”项目的飞机操作要求，并检查机务人员落实“M”项目的维护情况，以确保飞机符合安全适航标准。

（2）加油准备。飞行机组在每次飞行前，应当确认本次飞行的最低放行/起飞燃油量，根据使用情况应包括：滑行燃油、航程燃油（起飞、爬升、航路、下降、进近和着陆）、等待燃油、备降燃油（起飞、航路、双发延程飞行和目的地）、应急燃油、储备燃油、额外燃油、油箱燃油。飞行加油由飞行机组按签派放行单设定油量，由机务或油料人员按规定加好起飞燃油，机组应检查油量及燃油标号和质量，在油单上确认签字并检查加油口盖和油箱盖已关闭，并向其他机组成员通报加油情况。

（3）驾驶舱准备。机组成员在每次飞行前，还应按照机组操作手册要求的程序，对飞机进行内部和外部的详细检查。机组成员应按照相应机型的手册路线进行飞机外部检查，检查时应注意安全，并穿着反光背心。

（4）安全检查。听取安全员对近期安全形势的汇报，共同制定和落实空防措施和分工，确定进出驾驶舱的方法并制定特殊应急方案。航空安全员应对飞机进行清查和安全检查；机组成员应确保未经批准的人员不得上飞机。

（5）检查机组与乘务组的行李和物品、厨房设备、供应品、各种服务车以及客舱与驾驶舱内的大件物品必须固定好。对客舱卫生进行准备和检查，检查结束，安全员和乘务长向机长汇报。

（6）在人烟稀少地区上空运行前，机组必须证实下列设备在飞机上：

① 烟火信号设备。

② 应急寻址发射机或无线电台。

③ 适合于该航路并可以满足机上所有人员的救生装置。

执行航班任务的机组成员按规定时间到达后，各机组成员按照机型飞机操作手册的内容和飞行预先准备分工，对飞机进行起飞前检查，并报告机长飞行前检查情况。

案例 2：地面燃油失衡事件

某公司机组执行敦煌至兰州的航班，在敦煌机场加油结束后机组只确认了总油量忽略了两侧机翼油箱的加油量及平衡状态，在原地启动完 2 发后 ECAM 有一个关于燃油量的提示信息（显示右侧油箱数字闪烁约 4 300 kg，两侧油箱超过了 1 600 kg），当时没有引起机组注意。随后，机组考虑在开车和滑行过程中进行平油使其达到范围以内，在启动完 1 发后，机组把左侧燃油泵关闭并打开交输活门，考虑 1 发和 2 发都消耗右侧油箱的燃油以期达到平衡范围内，但由于敦煌无滑行道，机组在进入跑道后滑行过程中 PF 决定查手册，在确认不能达到飞机起飞标准（相差 1 800 kg）后从跑道脱出，机长考虑滑回停机坪进行补油。最后在左侧油箱补了 300 kg 燃油后正常起飞。

4. 惯导系统/飞行管理系统的输入

在驾驶舱做飞行准备时，由该次飞行操纵飞机的驾驶员负责将航路飞行计划输入飞行计算机管理系统，并使飞行计划上的航路点与计算机飞行计划上的航路点相同，同时输入导航设备的选择，离场方法及有关数据。

机长在每次飞行前，必须对做好的飞行计划进行检查确认。重点应检查航路点坐标，导航设备的使用，离场方法及有关数据的准确性。

当遇到机载导航数据库所包含的导航数据内容与实际运行不符时，或者当收到机载数据库提供商关于数据库警告时，航行情报部门负责提示机组严格按照配备的航行资料飞行。若影响航班运行则发布公司通告。

在运行中获得修改许可时，由不操纵飞机的驾驶员对飞行计划的部分航段进行修改，并在主计算机飞行计划填入新的航路点或坐标。

案例 3：输错进离场程序事件

某公司机组执行长春至郑州航班时，飞机、天气均适航，机组飞行时间、休息期符合规定。在地面准备过程中，机组正常输入飞行计划并经检查校对，与 CFP 和放行航路一致。起飞后，在巡航阶段，由于机组想证实临时航路和计划航路差异的时间，将 TAMIX RNAV 进场程序改为 WXI 传统程序，后再改回 RNAV 程序时，由于 FCU 距离选择不当，改计划后未再对照检查，导致 TAMIX 航路点缺失，进场方式由 TAMIX 进场变成了 WXI 进场。所幸的是，当飞机通过 WXI 后，ATC 及时发现飞机偏差并提醒机组，机组也同时发现进场方式错误，未造成飞错进离场的不安全事件。

案例 4：起飞偏离离场程序引发 TA 报警事件

2013 年，某公司机组驾 A319/B-6410 号机执行嘉峪关至兰州航班。飞机在地面放行、滑行均正常，ATC 指令使用 32 号跑道 CHW-12D 离场，并告知机组本场附近有空军活动。飞行计划由机长输入，由于机载数据库无离场数据，机长自行按离场图造点，一边右转后直飞 D12CHW 点，交叉检查确认计划正确。随后 PF 副驾驶提出一边右转后直飞 D12CHW 点与离场图不符，应再增加一个点，以保证一边右转后满足 137 航迹，并随后开始修改计划，之后机组没有再次交叉检查。北京时间 11：00 左右飞机起飞，机组在一边右转后再次决定直飞 D12CHW 点。起飞后 4 min，机组发现雷达上有两架航空器，并产生了一个 TA 警告，随后 ATC 指挥本机返航。

七、飞机服务

机组成员应和保障航班的地面服务人员核实飞机已做好的飞机服务项目。当任一服务项目可能造成航班延误，应尽快通知机长和飞行签派员，以便决定是否需要推迟起飞时间。

第三节 飞行实施阶段

飞行实施阶段包括从飞行前准备结束后飞机推出、滑行、起飞、巡航、进近、着陆到飞机滑入，包括因特殊情况导致的备降、改航和复飞等飞行阶段。机组成员应认真查看航空公司《运行手册》《飞机飞行手册》对飞行实施各阶段的运行标准和工作流程，正常飞行运行参见《飞行机组操作手册》（FCOM）和公司各机型标准操作手册（SOP）实施。

一、进入条件

只有在机长确认完成了下列各项工作后，方可进入飞行实施阶段：

（1）机载设备及飞行仪表工作正常。

（2）飞机全重满足机型的限制使用重量和飞行的性能要求。

（3）货物装载完成且符合要求。

（4）有足够的飞行燃油。

（5）机组人员全部到齐且各司其职。

（6）不存在禁止飞行的情况。

（7）各种必需的航图、图表、其他航空情报和指令，航行资料和证件、证书齐全。

二、驾驶舱内的主要飞行文件

每次飞机关舱门推出前，飞行机组应检查以下主要文件在飞机上：

（1）飞行任务书。

（2）计算机飞行计划。

（3）签派放行单。

（4）气象预报及资料。

（5）航行通告。

（6）舱单和载重平衡表：只有填写的舱单确定飞机装载是在重心极限和最大允许重量范围内，并考虑到飞机结构与性能限制重量时飞机方可起飞。当接到载重平衡舱单后，驾驶员应着重检查如下数据均在该次飞行的限制数据之内，并由机长签字认可。

① 该次飞行的无燃油重量。

② 该次飞行的起飞重量和预计着陆重量。

③ 该次飞行的起飞重心和预计着陆重心。

④ 该次飞行的实际燃油总重量。

⑤ 按批准的装载计划（该计划能保证重心处于批准的范围之内）核对该飞机实施装载的数据。

⑥ 必须有装载负责人签字，并由该负责人负责检查提供的装载舱单的准确性。

（7）特殊装载通知单。

（8）总申报单（国际飞行或地区航线飞行）。

（9）卫生检疫合格单（国际飞行或地区航线飞行）。

三、推出程序

在接到 ATC 允许推出的指令后，机组人员应通过内话机通知地面维护人员。如果内话系统出现故障，飞行机组和地面维护人员应使用标准手势进行联系。

在所有机门关闭或廊桥撤离后，联系地面机务人员。机组打开防撞灯，地面保障没有完成工作时，由指挥员通知驾驶舱等待。待所有人员车辆撤离飞机后，指挥员通知驾驶舱。

经检查飞机确实需要除冰时，机组人员与地面维护人员协调后，通过内话系统与地面保持联系，飞机推到位进行除冰。

四、发动机起动

在任何情况下，都应具备下列条件，才能允许起动发动机：

（1）机上所有的舱门均已关闭。

（2）已获得 ATC 的起动（开车）许可。

（3）已得到地面维护人员允许起动（开车）的口令或明确的手势（信号）。

（4）起动发动机时，飞行机组成员应当注意观察仪表指示，发现超温、超转等不正常情况时，应立即终止起动。

五、滑行许可

（1）准备滑行前必须打开滑行灯，并得到地面维护人员允许滑出的手势或信号。

（2）滑行时应注意观察其他飞机的滑行情况，以免发生冲撞；滑行速度应当按照相应飞机的飞行手册或者飞行员驾驶守则执行。

（3）按照规定的或者空中交通管制员、飞机指挥员制定的路线滑行或者牵引。

案例 5：某飞行员飞行前准备不充分，滑行错误事件

（1）飞机、天气均适航，机组飞行准备正常。

（2）机组执行广州到成都航线，凌晨 02:35 正常着陆，根据副驾驶报告：从 A6 脱离后，收到地面指令 A，B8，113，机组复诵为 A，B8，113。当机组滑行至 B7 时，直接经由 B7 滑向廊桥（此情况经 ATC 通话录音证实）。ATC 发现机组滑错，要求原地等待并询问原因。机组和 ATC 沟通后，在 B7 等待了大约 45 min，拖车将飞机向后推至 B，从 B8 进位 113。整个过程地面无冲突（滑行见图 3-4）。

（3）机长反映：进近前从签派得知停机位 113，在进近准备时，机组对滑行路线进行了研究。副驾驶认为应从 B7 滑行道进位 113，外籍机长尤里为新机长，对该停机位不太熟悉，同时认为副驾驶对停机位较熟悉，所以没有提出异议。在听到 ATC 指令后，看到副驾驶在 MCDU 上输入的内容为 B7，同时他也在自己的 MCDU 上输入了 B7。事后，机组按规定进行了信息报送。

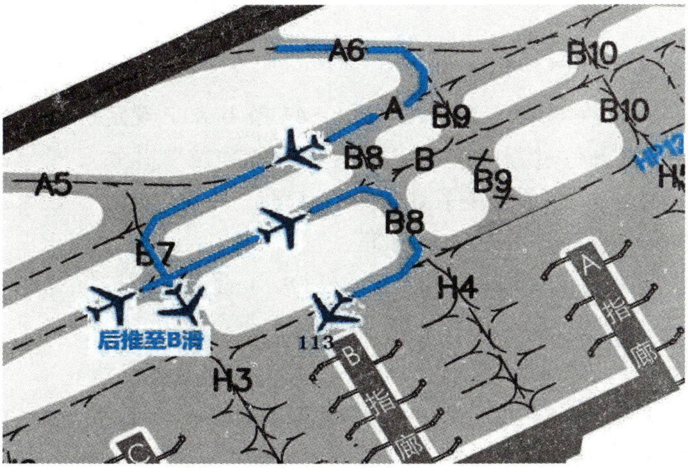

图 3-4 机组滑行路线

案例 6：机组滑行压损跑道灯事件

2013 年某日 05:37，长沙黄花机场场务在巡查跑道时，发现 36 号跑道西侧两个跑道边灯被轧损。民航中南管理局、事故调查中心立即展开调查。现场勘察确认，飞机左主轮在离跑道头 489 m 处偏出跑道，在草地上滑行了 138 m 后滑回，距离跑道边线最远 8.1 m，通过飞机主轮距痕迹判断为 737CL 系列机型。调查组根据两次场务巡场时间排查该机型飞机起飞落地记录，并结合泰国东方航空公司驻广州办事处人员报告，该公司 8 月 18 日执行曼谷—长沙—曼谷 B734/OX620 航班的飞机在返回曼谷机场检查时，发现了 1 号和 3 号主轮受损严重，经比对，初步判定该航班是此次事件的肇事航班。该飞机是由公司自带机务人员完成飞机在长沙机场过站放行工作。按照国际民航组织公约附件 13 中的严重事故征候事例清单，民航局航空安全办公室已向泰国民航当局，发出了严重事故征候调查单，请对方开展该事件的调查。

六、着陆后机组人员的职责

机长要对飞机、乘客、机上行李、货物及邮件的安全负首要责任，机长应指派人员对机上所载运的危险物品或贵重物品进行有效的监管，避免出现任何危险与事故。机长应协同当地代理机构或机场管理部门、机务部门共同做好乘客安置和飞机检查维护工作。尽快与公司签派取得联系，共同研究飞行计划、放行、加油量及天气等情况，做好再次起飞准备。乘务长应确保做好机上乘客的服务工作。

七、飞行机组成员的值勤要求

在飞行的关键阶段，飞行机组成员不得从事可能分散飞行机组其他成员工作精力，或者可能干扰其他成员正确完成这些工作的活动，机长也不得允许其从事此种活动。这些活动包括进餐、在驾驶舱无关紧要的交谈、在驾驶舱和客舱乘务员之间无关紧要的通话、阅读与正常飞行无关的刊物等。

飞行关键阶段是指滑行、起飞、着陆和除巡航飞行以外在 3 000 m(10 000 ft)以下的飞行阶段。

八、在操作位置上的飞行机组成员

（1）除下列第 2 条（CCAR-121 部第 121.541 条 b 款）规定外，在驾驶舱值勤的每个飞行机组必需成员，在飞行过程中应当坐在指定的值勤位置并系好安全带；在起飞和着陆过程中应当坐在指定的值勤位置并系好安全带和肩带，但对于驾驶员之外的飞行机组成员，在履行其正常职责需要时可以松开肩带。

（2）在下列情形下，飞行机组必需成员可以离开指定的值勤位置：

① 为了完成与飞机运行有关的任务需要该机组成员离开时。

② 机组成员的离开与生理需要有关时。

③ 机组成员到了休息期，并按照下述规定有人接替工作时：

a. 对于指定的机长，在航路巡航飞行期间，可以由符合 CCAR-121 部第 121.451 条（a）款规定条件的巡航机长接替。

b. 对于指定的副驾驶，可以由有资格在航路飞行期间担任副驾驶的驾驶员接替。但是，接替的驾驶员不必满足 CCAR-121 部第 121.461 条（b）款中关于近期经历的要求。

九、驾驶舱门的关闭与锁定

载运旅客飞机的机长应当保证，如果驾驶舱和客舱有门分隔的话，在飞行期间关闭并锁定该门。但下列情况除外：

（1）起飞和着陆期间，如果驾驶舱门是通往必需的旅客应急出口或者地板高度出口的通道。

（2）在执行任务的机组成员需要进入客舱或者驾驶舱时，或者按照 CCAR-121 第 121.545 条规定准许进入驾驶舱的人有必要进入驾驶舱时。

十、操纵装置的控制

机长不得允许不符合下列规定之一的人员在飞行期间控制操纵装置，任何不符合下列规定之一的人员也不得在飞行期间控制操纵装置：

（1）运行该飞机的合格证持有人的合格驾驶员。

（2）得到机长允许、有资格在该飞机上飞行的正在执行飞行运行检查任务的局方监察员或者局方委任代表。

（3）得到机长允许、有资格在该飞机上飞行并且获得了局方和运行该飞机的合格证持有人批准的另一合格证持有人的驾驶员。

十一、进入驾驶舱的人员的限制

下列人员可以进入飞机驾驶舱，但并不限制机长为了安全而要求其离开驾驶舱的应急决定权：

（1）机组成员。

（2）正在执行任务的局方监察员或者局方委任代表。

（3）得到机长允许并且其进入驾驶舱对于安全运行是必需或者有益的人员。

（4）经机长同意，并经合格证持有人特别批准的其他人员。

十二、国内、国际定期载客运行对批准航路和限制的遵守

驾驶员在国内、国际定期载客运行中操作飞机时应当遵守下列规定：

（1）不得在其运行规范规定以外的航路或者航段上飞行。

（2）应当遵守其运行规范规定的限制。

十三、便携式电子设备的禁用和限制

（1）除本条第（2）款规定外，任何人不可以使用，合格证持有人或机长也不得允许在按照本规则运行的飞机上使用任何便携式电子设备。

（2）本条（1）款不包括：

① 便携式录音机。

② 助听器。

③ 心脏起搏器。

④ 电动剃须刀。

⑤ 合格证持有人认为使用时不会影响飞机导航和通信系统的便携式电子设备。

（3）本条（2）款第⑤项由合格证持有人对特定便携式电子设备使用情况验证后决定。

（4）在飞行期间，当机长发现存在电子干扰并怀疑该干扰来自机上乘员使用的便携式电子设备时，机长和机长授权人员应当要求其关闭这些便携式电子设备；情节严重的应当在飞机降落后移交地面公安机关依法处置，并在事后向局方报告。

第四节 飞行讲评阶段

一、工作程序及内容

飞行后，机组总结讲评会由机长召集机组全体人员参加。通过讲评，对完成任务的情况、飞行安全和质量和团队协作等作出评价。机组讲评会可能包括以下内容：

（1）对完成飞行任务的情况、存在的问题，有重点地进行民主讲评，分析原因，总结经验教训；

（2）对保证飞行安全的典型事例建议表扬或奖励。对违反操作规程和规章制度的人和事进行批评教育。严重者应向飞行队、飞行部汇报，并向公司航空安全监察部提出处理意见。

（3）对发生的严重差错和事故征候，应当写出书面报告交送飞行部和公司航空安全管理部。

（4）将飞行中遇到的恶劣天气、导航设备异常、返航、备降、旅客服务等不正常情况书面报告飞行部或公司航空安全监察部。

（5）完成飞行任务书等文件的投递，确保机组成员在所有文件的公司规定处签字确认。

二、危险天气和地面设施与导航设施不正常的报告

在飞行中遇到气象条件、地面设施或者导航设施不正常时，如果机长认为这些情况对其他飞行的安全十分重要，应当尽快通知有关的地面站或者空中交通管制员、飞行签派员。

接到通知的人员，应当把情况报告给直接负责运行该设施的机构。

三、机械故障的报告

机长应当确保在飞行期间发生的所有机械不正常情况，都能在该飞行时间结束时如实填入飞机飞行记录本。每次飞行前，机长应当清楚地了解上次飞行结束时在记录本上所填的所有故障的处置情况。

四、发动机不工作时的着陆和报告

（1）对于所有飞机，在飞机发动机失效，或者为防止可能的损坏而停止发动机运转时，机长均应当按照飞行时间在距离最近的能安全着陆的合适机场着陆。

（2）如果装有三台或者三台以上发动机的飞机只有一台发动机失效或者停止运转，机长在考虑到下列因素后，认为飞往另一机场与在最近的合适机场着陆同样安全时，则可以飞往所选定的另一机场。

① 故障的性质和继续飞行可能出现的机械上的困难。

② 发动机停止运转时的高度、重量和可用的燃油量。

③ 航路上和可以着陆机场的气象条件。

④ 空中交通的拥挤情况。

⑤ 地形种类；

⑥ 机长对所使用的机场的熟悉程度。

（3）机长应当把飞行中发动机停车的情况尽快报告给有关的空中交通管制员和飞行签派员，并随时报告飞行进展的全部情况。

（4）如果机长未在按照飞行时间距离最近的合适机场着陆，而选定另一机场着陆，那么在完成该次飞行后，机长应当向运行经理呈交书面报告一式两份，陈述其具有同等安全程度的理由。运行经理应当于驾驶员返回基地后 10 天内把签有其意见的报告副本提交给局方。

五、国内、国际定期载客运行的紧急情况

在需要立即决断和处置的紧急情况下，机长可以采取他认为在此种情况下为保证飞行安全应当采取的任何行动。在此种情况下，机长可以在保证安全所需要的范围内偏离规定的运行程序与方法、天气最低标准和其他规定。

当机长或者飞行签派员行使应急权力时，应当将飞行的进展情况及时准确地报告给相应的空中交通管制部门和签派中心。宣布应急状态的人员应当通过该合格证持有人的运行副总经理，向局方书面报告任何偏离。飞行签派员应当在应急状态发生后 10 天内提交书面报告，机长应当在返回驻地后 10 天内提交书面报告。

复习思考题

1. 整个飞行过程可以分为哪几个阶段？
2. 简述飞行预先准备的内容。
3. 什么是飞行任务书？
4. 签派放行资料包括哪些内容？
5. 领航计划报（FPL）包括哪些内容？
6. 翻译下面一则领航计划报：

（FPL-CCA4240-IN
-A319/M-SDE3FGHIRWYZ/LB1
-ZGGG2315
-K0859S1040 YIN G586 QP B330 XYO W25 YBN
-ZUYB0209 ZUGY
-PBN/A1B1C1D1L1O1S2 NAV/ABAS REG/B6004
EET/ZPKM0111
SEL/JQAR
RMK/ACAS II）

7. 什么是计算机飞行计划，CFP 包括哪些内容？
8. 飞行机组执行飞行任务时需要携带哪些证件和工具？
9. 飞机关舱门推出前，飞行机组应检查飞机上的哪些主要文件？

10. 简述飞行讲评阶段的主要任务。
11. NAIP 和 AIP 的区别有哪些？
12. 进近和跑道灯光配置在 AIP 哪一部分查询？
13. 哪些信息以航空资料汇编补充资料的形式发布？
14. S 系列是什么通告？
15. A0525/14 NOTAMC A0433/14 表示什么意思？
16. 雪情通告的有效期是多长时间？
17. 何时发布火山通告？
18. 通常情况下，如果嘉峪关机场不在运行规范中，机长是否可以前往该机场备降？
19. 什么是飞行关键阶段？
20. 机长在飞行期间何时可以离开操作位置？
21. 在 CCAR-121 运行中，哪些人员可以在飞行期间控制操纵装置？
22. 在航班运行过程中，航空公司总经理能否进入驾驶舱？
23. 在飞行期间，机组发现乘客使用便携式电子设备时应该如何处置？
24. 调机飞行时，驾驶舱门必须关闭并锁定吗？
25. 在飞行中遇到气象条件、地面设施或者导航设施不正常时，机长向谁报告？
26. 飞行期间的故障由谁填写在飞机飞行记录本上？
27. 当一台发动机失效时可否继续飞往目的地机场？

第四章 签派放行

签派放行是实施安全、合法、高效的飞行，与机长和其他部门协调一致的重要保证。为达到这些目的，飞行签派员必须不断地注意影响飞行环境变化的情况，按照已建立的法规、政策和程序，履行签派员的职责。对定期载客运行的起始行使控制权的工作称为签派，对于补充运行的起始行使控制权的工作称为放行。可见签派放行是每一次飞行的必需工作，是保障安全运行的前提条件。

第一节 签派放行一般规则

签派人员在放行飞机时，必须根据飞行的类型，依据不同的规则组织与实施飞行，对放行飞机有不同的要求。

一、运行控制责任

1. 国内、国际定期载客运行的运行控制责任

合格证持有人应当对运行控制负责。

机长和飞行签派员应当对飞行的计划、延迟和签派或者放行是否遵守涉及民航管理的规章和合格证持有人的运行规范共同负责。

飞行签派员应当对下列工作负责：

（1）监控每次飞行的进展情况；

（2）分析与发布该次飞行安全所必需的信息；

（3）如果根据其本人或者机长的判断，认为该次飞行不能按照计划或者放行的情况安全地运行或者继续运行时，取消或者重新签派该次飞行；

（4）当飞机追踪无法确定其位置且尝试建立联系未获成功时，通知相关的空中交通服务单位。

在飞行期间，机长负责控制飞机和指挥机组，并负责旅客、机组成员、货物和飞机的安全。机长对于飞机的运行拥有完全的控制权和管理权。这种权力没有限制，可以超越机组其他成员及他们的职责，无论机长是否持有执行其他机组成员职责所需的有效证件。

任何驾驶员在驾驶飞机时不得粗心大意和盲目蛮干，以免危及生命或者财产的安全。

2. 补充运行的运行控制责任

合格证持有人应当对运行控制负责，并在手册中列出授权实施运行控制的人员。

机长和运行副总经理应当对飞行的放行、延续、改航和终止是否遵守中国民用航空规章和合格证持有人的运行规范共同负责。运行副总经理可以委托他人行使飞行放行、延续、改航和终止的职能，但不能委托运行控制的责任。

当运行副总经理或者机长认为该次飞行不能按照计划安全地运行时，运行副总经理对取消、改航或者延迟飞行负责。运行副总经理应当负责至少在下列方面对飞行运行进行监控：

（1）始发地机场的离开和目的地机场的到达，包括中途停留机场及备降机场；

（2）发生在起始、目的地和中途停留机场的维修及机械延误；

（3）已知的严重影响飞行安全的情况；

（4）当飞机追踪无法确定其位置且尝试建立联系未获成功时，通知相关的空中交通服务单位。

在飞行期间，机长负责控制飞机和指挥机组，并负责旅客、机组成员、货物和飞机的安全。机长对于飞机的运行拥有完全的控制权和管理权。这种权力没有限制，可以超越机组其他成员及他们的职责，无论机长是否持有执行其他机组成员职责所需的有效证件。

机长对飞行前的计划和飞行中的运行是否遵守涉及民航管理的规章和合格证持有人的运行规范负责。

任何驾驶员在驾驶飞机时不得粗心大意和盲目蛮干，以免危及生命或者财产的安全。

二、飞机追踪

飞机追踪是指由航空承运人按标准的时间间隔，针对每架飞行中的飞机在地面记录并更新飞机 4D 位置信息（经度、纬度、高度、时刻）的过程。

合格证持有人必须建立飞机追踪能力，确保在飞机的整个运行区域对其进行追踪。

除经局方批准外，对于最大起飞重量超过 27 000 kg 飞机计划在中国情报区以外进行飞行运行的部分，合格证持有人必须至少每 15 min 通过自动报告对飞机位置进行追踪。

合格证持有人应当保留飞机追踪数据，用于协助搜寻和救援确定飞机最后已知位置。

三、运行通告

合格证持有人应当将设备和运行程序方面的任何变动通知其相关的人员，包括已知的正在使用的任何导航设施、机场、空中交通管制程序与规则、机场交通管制规则等方面的变化，以及已知的威胁飞行安全的信息，包括结冰和其他危险气象条件、地面和导航设施不正常的情况等。

四、飞行装具

机长应当保证在每次飞行中，飞机上带有合适的航空图表资料，其中应当包含有关导航设施和仪表进近程序的足够信息。

在每次飞行中，每个机组成员应当有一个处于良好工作状态的手电筒，供其随时使用。

五、签派放行权

1. 国内、国际定期载客运行的签派权

除下述两种情况外，每次飞行应当在起飞前得到飞行签派员的明确批准方可以实施：

（1）对于国内定期载客运行的飞机，在原签派放行单列出的中途机场地面停留不超过 1 h。

（2）对于国际定期载客运行的飞机，在原签派放行单列出的中途机场地面停留不超过 6 h。

2. 补充运行的飞行放行权

（1）实施补充运行应当使用飞行跟踪系统，每次飞行应当得到合格证持有人授权实施运行控制人员的批准，方可实施。

（2）在开始飞行前，机长或者由合格证持有人授权实施运行控制的人员应当按照该次飞行所遵守的条件制定一个满足飞行的放行单。只有当由机长和授权实施运行控制人员均认为可以安全飞行时，机长方可签署飞行放行单。

（3）当实施补充运行的飞机在地面停留超过 6 h 时，应当重新签署新的飞行放行单，否则不得继续飞行。

六、气象条件的熟悉

对于国内、国际定期载客运行，飞行签派员在签派飞机前，应当完全熟悉所飞航路、机场的气象实况报告和预报，否则不得签派或者放行该次飞行。

对于补充运行，机长应当完全熟悉所飞航路、机场的气象实况报告和预报，否则不得开始该次飞行。

七、国内、国际定期载客运行中飞行签派员向机长的通告

在开始飞行之前，飞行签派员应当向机长提供可能影响该次飞行安全的机场条件和导航设施不正常等方面的所有现行可得的报告或者信息，并且应当向机长提供可能影响该次飞行安全的每一所飞航路和机场的所有可得的天气实况报告和天气预报，包括晴空颠簸、雷暴、低空风切变等危险天气现象。

在飞行期间，飞行签派员应当及时向机长提供可能影响该次飞行安全的天气条件，包括晴空颠簸、雷暴、低空风切变等危险天气现象和有关设施、服务不正常的任何可以获得的补充信息。

八、飞机仪表和设备

除非飞机是处于适航状态，并且装备了下列规定的设备，否则任何人不得签派或者放行飞机：

（1）一个空速指示系统，带有加温空速管或者可以防止由于结冰而失效的等效装置。对于以马赫数为单位来表示速度限制的飞机，则还应至少装有一个马赫数指示器。

（2）一个灵敏高度表，带有以 hPa（mbar）为单位的校正装置，并且该装置对于飞行中可能遇到的气压可以进行修正。

（3）一个带指针和/或者数字式显示的精确指示小时、分和秒的时钟（或者经批准的等效装置）。

（4）一个大气静温指示器。

（5）一个陀螺坡度与俯仰指示器（地平仪）。

（6）一个组合有侧滑指示器的陀螺转弯速率指示器，但在按照本条（1）款装有第三套姿态仪表系统（可以在360°俯仰和滚转飞行姿态中使用）时，只需要侧滑指示器。

（7）一个陀螺航向指示器（航向陀螺或者等效仪表）。

（8）一个磁罗盘。

（9）一个垂直速度指示器（升降率指示器）。

九、通信和导航设施

在每次飞行前，只有确认在航路批准时 CCAR-121 部要求的通信和导航设施处于良好工作状态，方可以签派或者放行飞机在该航路或者航段上飞行。

十、签派放行规则

1. 目视飞行规则的签派或者放行

按照目视飞行规则签派或者放行飞机前，应当确认可获得的天气实况报告、预报或者两者的组合，表明从签派或者放行飞机飞行时刻起至飞机抵达签派单中所列各机场的时间内，整个航路的云底高度和能见度处于或者高于适用的目视飞行规则最低标准，否则，不得签派或者放行飞机按照目视飞行规则飞行。

2. 仪表飞行规则的签派或者放行

按照仪表飞行规则签派或者放行飞机飞行前，应当确认相应的天气实况报告、预报或者两者的组合，表明在签派或者放行单中所列的每个机场的天气条件，在飞机预计到达时处于或者高于经批准的最低标准，否则，不得签派或者放行飞机按照仪表飞行规则飞行。

3. 仪表或者设备失效情况下的签派放行

（1）在飞机所装的仪表或者设备失效时，只有符合下列条件，方可起飞。

① 该飞机具有经批准的最低设备清单。

② 局方颁发给该合格证持有人的运行规范批准其按照最低设备清单运行，飞行机组应当能在飞行之前直接查阅经批准的最低设备清单上的所有信息。

③ 经批准的最低设备清单应当对某些仪表和设备处于不工作状态时该飞机的运行作出规定。

④ 应当向驾驶员提供注明不工作仪表与设备的记录和相应的运行规定。

⑤ 该飞机按照最低设备清单和运行规范中规定的所有适用条件与限制实施运行。

（2）下列仪表和设备不得包含在最低设备清单中。

① 该飞机型号合格审定所依据的适航规章中明确规定或者所要求的，并且在所有运

行条件下对安全运行都是必需的仪表和设备；

② 适航指令要求应当处于工作状态的那些仪表和设备，但适航指令提供了其他方法的除外。

③ CCAR-121 部要求该种运行应当具有的仪表和设备。

（3）尽管有本条（2）款第①、③项的规定，飞机上某些仪表或者设备不工作时，仍可以依据局方颁发的特殊飞行许可运行。

4. 在结冰条件下运行

（1）当机长或者飞行签派员（仅在国内定期和国际定期运行时）认为，在航路或者机场上，预料到的或者已遇到的结冰状况会严重影响飞行安全时，任何人不得签派或者放行飞机继续在这些航路上飞行或者在这些机场着陆。

（2）当有霜、雪或者冰附着在飞机机翼、操纵面、螺旋桨、发动机进气口或者其他重要表面上，任何人不得使飞机起飞。

（3）在某种条件之下，当有理由认为，霜、冰、雪会附着在飞机上时，任何人不得签派或者放行飞机或者使其起飞，但该合格证持有人在其运行规范中具有经批准的地面除冰防冰大纲并且其签派或者放行、起飞都符合该大纲要求的除外。

（4）合格证持有人如果没有符合 CCAR-121 部要求的大纲，也可以继续运行。但是，在其运行规范中应当规定任何时候只要有理由认为霜、冰和雪可能会附着在飞机上，飞机就不得起飞。但经过检查确认没有霜、冰和雪附着在机翼、操纵面和其他关键表面上时除外。该检查应当在开始起飞之前 5 min 之内进行，并且应当在飞机外部完成。

5. 国内、国际定期载客运行飞至或者飞离加油机场或者临时使用机场的签派

除了适用于飞离正常使用机场的签派要求之外，在签派飞机飞至或者飞离加油机场或者临时使用机场时，该机场应当符合适用于正常使用机场的要求。

6. 国内、国际定期载客运行从备降机场和未列入运行规范的机场起飞

（1）从备降机场起飞时，该机场的天气条件应当至少等于合格证持有人运行规范中对于备降机场规定的最低天气标准。

（2）在未列入运行规范的机场起飞时，应当符合下列条件：

① 该机场和有关设施适合于该飞机运行；

② 驾驶员能遵守飞机运行适用的限制；

③ 飞机已根据适用于从经批准的机场实施运行的签派规则予以签派；

④ 该机场的天气条件等于或者高于该机场所在国政府批准的或者规定的起飞最低天气标准，或者如该机场没有批准的或者规定的标准时，云高/能见度等于或者高于 240 m/3 200 m（800 ft/2 mile），或者 270 m/2 400 m（900 ft/1.5 mile），或者 300 m/1 600 m（1 000 ft/1 mile）。

7. 跨水运行的签派或者放行

延伸跨水运行是指飞机距最近海岸线的水平距离超过 93 km（50 n mile）的跨水运行。

签派或者放行飞机进行含有延伸跨水运行的飞行前，应当确认相应的天气实况报告、预报或者两者的组合，表明飞机预计到达所签派或者放行的目的地机场和必需的备降

机场时，这些机场的天气条件等于或者高于经批准的最低标准，否则，不得签派或者放行飞机进行含有延伸跨水运行的飞行。

合格证持有人应当按照仪表飞行规则实施含有延伸跨水运行，但该合格证持有人证明按照仪表飞行规则飞行对于安全是不必要时除外。对于其他跨水运行，如果局方认为按照仪表飞行规则运行对安全是必要的，合格证持有人应当按照仪表飞行规则实施这些跨水运行。

每个按照目视飞行规则实施延伸跨水运行的批准和每个按照仪表飞行规则实施其他跨水运行的要求，均应当在该合格证持有人的运行规范中明确规定。

十一、在不安全状况中继续飞行

（1）当机长或者飞行签派员（仅国际和国内定期载客运行时）认为该次飞行不能安全完成时，除非该机长认为已经没有更安全的程序可以执行，机长不得允许该次飞行继续飞往所签派或者放行的机场。在这种情况下，继续飞往该机场就处于 CCAR-121 部规定的紧急状态。

（2）如果用于该种运行的任何仪表或者某一设备在航路上失效，机长应当遵循在合格证持有人手册中规定的适用于该情况的经批准程序。

十二、初始签派或者放行、重新或者更改签派或者放行

（1）合格证持有人可以指定任一经批准用于该型飞机的正常使用机场、临时使用机场或者加油机场，作为初始签派或者放行的目的地机场。

（2）在签派或者放行单中指定的备降机场的天气预报，应当表明在飞机预计到达该备降机场时，备降机场的天气条件将等于或者高于运行规范中对该机场规定的备降最低天气标准，否则，飞行签派员和机长不得允许该次飞行继续向所签派或者放行的机场飞行。但是，签派或者放行单可以在航路上予以更改，增加任何处于燃油政策规定的飞机燃油范围内的备降机场。

（3）飞机在航路上飞行时，任何人不得擅自更改初始签派或者放行单上指定的初始目的地机场或者备降机场。如果确有必要改变为另外的机场时，则该机场应当是经批准用于该型飞机的，并且在重新签派或者更改签派或者放行单时，该机场应当符合相应要求。

（4）在航路上更改签派或者放行单时，通常需由飞行签派员和机长共同决定，并且应当记录更改的内容。当涉及更改空中交通管制飞行计划时，应当预先和有关的空中交通管制部门取得协调。

十三、飞行记录和报告

1. 装载舱单、签派单和飞行计划的处置

（1）国内、国际定期载客运行装载舱单、签派单和飞行计划的处置

机长应当将下列文件的副本随机携带到目的地，合格证持有人应当将文件的副本保存至少 3 个月。

① 填写好的装载舱单。

② 签派或者放行单。

③ 飞行计划。

（2）补充运行的装载舱单、飞行放行单和飞行计划的处置。

实施补充运行的飞机机长应当携带下列文件的原件或者经签署的文件副本飞行到目的地机场。

① 装载舱单。

② 飞行放行单。

③ 适航放行单。

④ 驾驶员航线合格证明。

⑤ 飞行计划。

如果飞行在合格证持有人主运行基地始发时，应当在其主运行基地保存上述文件的原件或者副本。

如果飞行在合格证持有人主运行基地以外的机场始发时，机长（或者合格证持有人授权的其他运行控制人员）应当在起飞前或者起飞后立即将上述文件副本发送或者带回到主运行基地保存。

如果飞行始发在合格证持有人的主运行基地以外机场时，合格证持有人在那个机场委托他人负责管理飞行运行，签署过的文件副本在送回合格证持有人的主运行基地前在该机场的保存不得超过 30 天。如果这些文件的原件或者副本已经送回合格证持有人的主运行基地，则这些文件不需要继续保存在该机场。

实施补充运行的合格证持有人应当：

① 在其运行手册中制定专门人员负责这些文件副本。

② 原始文件和副本应当在主运行基地保存 3 个月。

2. 飞机飞行记录本

（1）合格证持有人应对飞机飞行记录本做如下要求：

① 合格证持有人应当对于每一架飞机建立飞机飞行记录本，记录运行中发现的缺陷和工作不正常情况及所进行的维修工作；另外，它还用于记录与飞行安全有关的运行信息、飞行机组和维修人员需要了解的有关数据。

② 飞机飞行记录本中应当包括飞机运行信息、影响飞机适航性和安全运行的任何缺陷及保留状况、要求的维修项目、维修工作记录、飞机放行等内容。

③ 飞机飞行记录本的格式应当固定，各项内容应当使用墨水或者不可以更改的书写工具及时填写，并且有足够的复页以保证满足使用和保存要求。

④ 合格证持有人应当在飞机上飞行机组成员易于取用的地方放置一份飞机飞行记录本原件，其中至少记录包括每次飞行前三次飞行期间填写内容的连续记录，并且每次起飞前在地面保存一份记录上一次飞行和本次飞行前填写内容的飞机飞行记录本的复页。

⑤ 合格证持有人应当在维修工程管理手册中规定飞机飞行记录本的格式及填写、使用和保存要求。

（2）飞行记录本的填写

飞机飞行记录本也是飞机在使用和维修时的重要原始数据记录，机组负责保证每次飞行后指定机组人员填写好所有飞行记录文件。

机长在每次飞行结束后时，必须将飞行中发生的所有故障和不正常情况计入《飞机飞行记录本》中，机务维修人员根据此记录对故障进行彻底排除，工作结束后，将工作情况记录在《飞机飞行记录本》上。在每次飞行前，《飞机飞行记录本》上故障必须处理完毕并有维修放行人员签署放行意见，飞机方可起飞。如未处理，机长可以拒绝接收飞机，或拒绝航班的飞行。

《飞机飞行记录本》记录了飞行航段、机组、运行时间、耗油等飞机基本运行数据和运行时间（包括日期、运行小时数、起落数）故障报告等机务维修数据，关系到公司的航班计划、运力调配和飞行安全。

3. 通信记录

合格证持有人应当记录与其飞行机组成员之间每次航路上的无线电联系，并将该记录至少保存 30 天。

十四、签派程序

（1）签派工作的目的
（2）自我天气讲解
（3）交接班讲解
（4）交接班准备
（5）任务管理
（6）飞行计划和放行
（7）飞行员讲解
（8）飞行监控
（9）航站和航路上设备
（10）非正常工作
（11）交接班飞行后讲评

第二节　运行最低标准

一、机场运行最低标准

合格证持有人应当对每一运行的机场制定自己的机场运行最低标准。除非机场所在国民航当局特殊批准，合格证持有人制定的机场运行最低标准不得低于该民航当局为该机场确定的最低标准。

合格证持有人制定机场运行最低标准的方法应当得到局方批准。

二、仪表进近程序和仪表飞行规则着陆最低标准

机长应当依据合格证持有人运行规范中规定的仪表进近程序和仪表飞行规则着陆最低标准实施仪表进近。

1. 目视飞行规则国内运行的起飞和着陆最低天气标准

对于目视飞行规则国内运行，合格证持有人应当遵守中国民用航空规章中有关起飞和着陆最低天气标准的规定。

2. 仪表飞行规则的起飞和着陆最低标准

（1）不论空中交通管制是否许可，当由局方批准的气象系统报告的天气条件低于合格证持有人运行规范的规定时，飞机不得按照仪表飞行规则起飞。如果合格证持有人的运行规范没有规定该机场的起飞最低标准，则使用的起飞最低标准不得低于民航局为该机场制定的起飞最低标准。对于没有制定起飞最低标准的机场，可以使用下列基本起飞最低标准：

① 对于双发飞机，能见度 1 600 m。

② 对于三发或者三发以上飞机，能见度 800 m。

（2）飞机不得飞越最后进近定位点继续进近，或者在不使用最后进近定位点的机场，进入仪表进近程序的最后进近航段，除非由局方批准的系统为该机场发布了最新的天气报告，报告该机场的能见度等于或者高于仪表进近程序规定的能见度最低标准。

（3）如果驾驶员已经开始实施仪表进近程序的最后进近，并在此后收到了较新的天气报告，报告的天气条件低于最低天气标准，该驾驶员仍可以继续进近至决断高或者最低下降高。当到达决断高或者最低下降高，在进近复飞点之前的任何时间内，只有符合下列条件，方可以继续进近到低于决断高或者最低下降高并着陆。

① 该飞机持续处在正常位置，从该位置能使用正常机动动作以正常下降率下降到计划着陆的跑道上着陆，并且以此下降率可以使飞机在计划着陆的跑道的接地区内接地。

② 飞行能见度不低于所用的标准仪表进近程序规定的能见度。

③ 除Ⅱ类和Ⅲ类进近（在这些进近中，必需的目视参考由局方在批准时具体规定）外，驾驶员至少能清楚地看到和辨认计划着陆跑道的下列目视参考之一：进近灯光系统，如果驾驶员使用进近灯光作为参考，应当能同时清楚地看到和辨认红色终端横排灯或者红色侧排灯，否则不得下降到接地区标高之上 30 m（100 ft）以下；跑道入口；跑道入口标志；跑道入口灯；跑道端识别灯；目视进近下滑道指示灯；接地区或者接地区标志；接地区灯；跑道或者跑道标志；跑道灯。

④ 当使用具有目视下降点的非精密直接进近程序时，飞机已到达该目视下降点，且在该点使用正常程序或者下降率能降落到跑道上。

（4）当能见度低于所用仪表进近程序规定的最低能见度时，如果该机场同时开放了仪表着陆系统和精密进近雷达，且驾驶员同时使用了这两套设备，则可以在该机场开始实施该仪表进近程序（Ⅱ类和Ⅲ类程序除外）的最后进近。但是只有符合下列条件时，方可以操作飞机进近到低于经批准的最低下降高，或者继续进近到低于决断高。

① 该飞机持续处在正常位置，从该位置能使用正常机动动作以正常下降率下降到计划着陆跑道上着陆，并且以此下降率可以使飞机在计划着陆跑道的接地区内接地。

② 飞行能见度不低于所用的标准仪表进近程序规定的能见度。

③ 除Ⅱ类和Ⅲ类进近（在这些进近中，必需的目视参考由局方在批准时具体规定）外，驾驶员至少能清楚地看到和辨认计划着陆跑道的上述的目视参考之一。

（5）最后进近航段从仪表进近程序规定的最后进近定位点或者设施处开始。当一个包含程序转弯的程序没有规定最后进近定位点时，最后进近航段在完成程序转弯的那一点开始，并且在该点上，飞机在该程序规定距离之内在最后进近航迹上向机场飞行。

（6）除了在合格证持有人的运行规范中另有批准外，在国外机场按照仪表飞行规则起飞、进近或者着陆的驾驶员，应当遵守管辖该机场的当局所规定的仪表进近程序和最低天气标准。

三、新机长的仪表飞行着陆最低天气标准

如果机长在其驾驶的某型别飞机上作为机长按照 CCAR-121 部运行未满 100 h，则合格证持有人运行规范中对于正常使用机场、临时使用机场或者加油机场规定的最低下降高（MDH）或者决断高（DH）和着陆能见度最低标准，分别增加 30 m（100 ft）和 800 m（1/2 mile）或者等效的跑道视程（RVR）。对于用作备降机场的机场，最低下降高（MDH）或者决断高（DH）和能见度最低标准无须在适用于这些机场的数值上增加，但是任何时候，着陆最低天气标准不得小于 90 m（300 ft）和 1 600 m（1 mile）。

机场公布 RVR 着陆最低标准对应的新机长着陆最低标准如下表 4-1 所示。

表 4-1 新机长 RVR 着陆最低标准

公布的 RVR 着陆最低标准	新机长的 RVR 着陆最低标准
RVR550 m（1 800 ft）	RVR1 400 m（4 500 ft）
RVR600 m（2 000 ft）	RVR1 400 m（4 500 ft）
RVR750 m（2 400 ft）	RVR1 500 m（5 000 ft）
RVR1 000 m（3 000 ft）	RVR1 500 m（5 000 ft）
RVR1 200 m（4 000 ft）	RVR1 800 m（6 000 ft）
RVR1 500 m（5 000 ft）	RVR1 800 m（6 000 ft）

四、使用自动驾驶仪的最低高度

1. 航路飞行

在离地高度低于飞机飞行手册中注明的巡航状态下自动驾驶仪故障时最大高度损失的 2 倍，或者低于 150 m（500 ft）（取两者之中较高者）时，任何人不得在航路上，包括上升和下降阶段，使用自动驾驶仪。

2. 进近阶段

当使用仪表进近设施时，在离地高度低于飞机飞行手册中注明的进近状态自动驾驶仪故障时最大高度损失的 2 倍，或者低于批准的该进近设施最低下降高或者决断高之下 15 m（50 ft）（取上述两者之中较高者）时，任何人不得使用自动驾驶仪。但在下述情况下应当遵守以下规定：

（1）当报告的气象条件低于中国民用航空规章规定的基本目视飞行规则气象条件时，在离地高度低于飞机飞行手册中注明的进近状态带进近耦合器的自动驾驶仪故障时最大高度损失之上 15 m（50 ft）时，任何人不得使用带进近耦合器的自动驾驶仪作仪表着陆系统（ILS）进近。

（2）当报告的气象条件等于或者高于中国民用航空规章规定的基本目视飞行规则最低条件时，在离地高度低于飞机飞行手册中注明的进近状态时带进近耦合器的自动驾驶仪故障时最大高度损失，或者低于 15 m（50 ft）（取两者中较高者）时，任何人不得使用带进近耦合器的自动驾驶仪作仪表着陆系统（ILS）进近。

（3）只有在符合特定条件的情况，局方已颁发运行规范的情况下，才能允许使合格证持有人在起飞和初始爬升阶段低于上述规定的高度使用经批准的带自动驾驶能力的自动驾驶仪系统，或用经批准的带自动驾驶能力的飞行操纵引导系统，直至接地。

案例 1：机组低于标准落地事件

2013 年 4 月 5 日，某航空公司 A319 飞机执行至南宁航班任务，在南宁吴圩机场使用 05 号跑道仪表进近。下降进近期间，机场气象条件不满足起降标准，管制部门多次提醒飞行机组注意南宁机场天气实况低于起降标准，并提出备降或等待建议。机组没有实施备降和等待，仍坚持尝试进行仪表进近，最后使用自动驾驶仪在南宁机场 05 号跑道着陆。在该起事件中，机组涉嫌严重违章操作，经调查，局方对违反规定的机长给予吊销执照的处理。

五、报告的最低天气条件的适用性

在实施运行时，最新天气报告正文中的云高和能见度值用于控制机场所有跑道上的目视飞行规则和仪表飞行规则起飞、着陆和仪表进近程序。然而，如果最新天气报告，包括从管制塔台发出的口头报告，含有针对机场某一特定跑道的跑道能见度或者跑道视程等数值，这些特定值用于控制该跑道的目视飞行规则和仪表飞行规则着陆、起飞和仪表直接进近。

六、机场设备故障或降级对运行标准的影响

1. 对着陆标准的影响

导航设施或气象观测设备故障或降级对着陆最低标准的影响，参见表 4-2。灯光系统故障或降级对着陆最低标准的影响，参见表 4-3。

表 4-2 导航设施或气象观测设备故障或降级对着陆最低标准的影响

<table>
<tr><th rowspan="2">设备故障或降级</th><th colspan="6">对着陆最低标准的影响</th></tr>
<tr><th>Ⅲ类 B</th><th>Ⅲ类 A</th><th>Ⅱ类</th><th>Ⅰ类</th><th>APV</th><th>NPA</th></tr>
<tr><td>ILS 备用发射机</td><td colspan="3">不允许</td><td colspan="3">无影响</td></tr>
<tr><td>外指点标</td><td colspan="4" rowspan="2">无影响（如果由公布的等效位置代替）</td><td colspan="2">不适用</td></tr>
<tr><td>中指点标</td><td colspan="2">无影响，除非该点用作复飞点</td></tr>
<tr><td>接地区 RVR</td><td colspan="3">不允许</td><td colspan="3">可临时由中间点 RVR 代替，或使用 VIS 标准</td></tr>
<tr><td>中间点 RVR</td><td colspan="3">不允许</td><td colspan="3">无影响</td></tr>
<tr><td>停止端 RVR</td><td colspan="2">不允许</td><td colspan="4">无影响</td></tr>
</table>

表 4-3 灯光系统故障或降级对着陆最低标准的影响

<table>
<tr><th rowspan="2">灯光系统故障或降级</th><th colspan="6">对着陆最低标准的影响</th></tr>
<tr><th>Ⅲ类 B</th><th>Ⅲ类 A</th><th>Ⅱ类</th><th>Ⅰ类</th><th>APV</th><th>NPV</th></tr>
<tr><td>进近灯光</td><td colspan="2">不允许 DH 大于 15 m（50 ft）的运行</td><td>不允许</td><td colspan="3">执行无灯光的最低标准</td></tr>
<tr><td>最靠近跑道的 210 m 之外的进近灯</td><td colspan="2">无影响</td><td>不允许</td><td colspan="3">执行无灯光的最低标准</td></tr>
<tr><td>最靠近跑道的 420 m 之外的进近灯</td><td colspan="3">无影响</td><td colspan="3">执行中等灯光设施的最低标准</td></tr>
<tr><td>进近灯备用电源</td><td colspan="3">不允许</td><td colspan="3">无影响</td></tr>
<tr><td>全部跑道灯光系统</td><td colspan="3">不允许</td><td colspan="3">执行昼间无灯光的最低标准；不允许夜间运行</td></tr>
<tr><td>跑道边灯</td><td colspan="6">仅昼间运行，不允许夜间运行</td></tr>
<tr><td>跑道中线灯</td><td colspan="3">不允许</td><td colspan="2" rowspan="2">使用 HUD、自动驾驶仪或飞行指引仪，无影响；其他情况下，RVR/VIS 不得小于 800 m</td><td rowspan="2">无影响</td></tr>
<tr><td>接地带灯</td><td colspan="3">不允许</td></tr>
<tr><td>跑道灯光备用电源</td><td colspan="3">不允许</td><td colspan="3">无影响</td></tr>
<tr><td>滑行灯系统</td><td colspan="3">不允许</td><td colspan="3">无影响，除非因滑行速度降低而导致延误</td></tr>
</table>

2. 对起飞标准的影响

设备故障或降级对起飞最低标准的影响，参见表 4-4。

表 4-4 设备故障或降级对起飞最低标准的影响

设备故障或降级	对起飞最低标准的影响
跑道边灯或跑道末端灯	不允许夜间运行
中线灯	RVR 不小于 400 m
接地区 RVR	可临时由跑道中间点 RVR 代替，或由 VIS 代替
中间点 RVR	RVR 不小于 400 m
停止端 RVR	RVR 不小于 200 m

七、飞行高度规则

（1）除了起飞、着陆需要或者在考虑到地形特征、气象服务设施的质量和数量、可用的导航设施和其他飞行条件后，局方认为为安全实施飞行需要其他高度而对任一航路或者航路的一部分规定了其他低标准的情况以外，任何人不得在 CCAR-121 部第 121.673 条（b）和（c）款规定的低高度以下运行飞机。在中华人民共和国之外飞行时，本条规定的低高度标准应当起控制作用，除非在合格证持有人运行规范中或者由飞机飞越的国家规定了较高的低标准。

（2）按照 CCAR-121 部实施运行的任何飞机在昼间按照目视飞行规则运行时不得在距地表、山峰、丘陵或者其他障碍物 300 m（1 000 ft）的高度以下飞行。

（3）按照 CCAR-121 部实施运行的任何飞机按照仪表飞行规则运行时，在距预定航道中心线两侧各 25 km（13.5n mile）水平距离范围内，在平原地区不得在距高障碍物 400 km（1 300 ft）的高度以下，在丘陵和山区不得在距高障碍物 600 m(2 000 ft)的高度以下飞行。

第三节 备降机场的选择

一、起飞备降机场

（1）如果起飞机场的气象条件低于合格证持有人运行规范中为该机场规定的着陆最低标准，在签派或者放行飞机前应当按照下述规定选择起飞备降机场：

① 对于双发动机飞机，备降机场与起飞机场的距离不大于飞机使用一发失效的巡航速度在静风条件下飞行 1 小时的距离；

② 对于装有三台或者三台以上发动机的飞机，备降机场与起飞机场的距离不大于飞机使用一发失效时的巡航速度在静风条件下飞行 2 小时的距离。

（2）起飞备降机场的天气条件应当满足 CCAR-121 备降机场最低天气标准的要求。

（3）在签派或者放行飞机前，签派或者飞行放行单中应当列出每个必需的起飞备降机场。

二、航路备降机场

针对双发飞机，在签派放行过程中选择距离航路上任一点的距离不大于飞机使用一发失效的巡航速度在静风条件下飞行 1 h 并在公司运行规范中列出的机场作为航路备降机场。

航路备降机场天气实况报告、预报或者两者结合的天气条件，在飞机预达该机场时必须满足本公司运行最低标准中关于备降机场的最低天气标准。

航路备降机场应在签署放行单时注明。

三、国内定期载客运行的目的地备降机场

按照仪表飞行规则签派飞机飞行前，应当在签派单上至少为每个目的地机场列出一个备降机场。当目的地机场和第一备降机场的天气条件预报都处于边缘状态时，应当再指定至少一个备降机场。但是，如果天气实况报告、预报或者两者的组合表明，在飞机预计到达目的地机场时刻前后至少 1 h 的时间段内，该机场云底高度和能见度符合下列规定，并且在每架飞机与签派室之间建立了独立可靠的通信系统进行全程监控，则可以不选择目的地备降机场：

（1）机场云底高度至少在公布的最低的仪表进近最低标准中的最低下降高（或者决断高）之上 450 m（1 500 ft），或者在机场标高之上 600 m（2 000 ft），取其中较高值；

（2）机场能见度至少为 4 800 m（3 mile），或者高于目的地机场所用仪表进近程序最低的适用能见度最低标准 3 200 m（2 mile）以上，取其中较大者。

目的地备降机场的天气条件应当满足 CCAR-121 备降机场最低天气标准的要求。

四、国际定期载客运行的目的地备降机场

按照仪表飞行规则签派飞机飞行前，应当在签派单上为每个目的地机场至少列出一个备降机场。但在下列情形下，如果在每架飞机与签派室之间建立了独立可靠的通信系统进行全程监控，则可以不选择目的地备降机场：

（1）当预定的飞行不超过 6 h，且相应的天气实况报告、预报或者两者的组合表明，在预计到达目的地机场时刻前后至少 1 h 的时间内，目的地机场的天气条件符合下列规定：

① 机场云底高度符合下列两者之一：如果该机场需要并准许盘旋进近，至少在最低的盘旋进近最低下降高度（MDA）之上 450 m（1 500 ft）；或至少在公布的最低的仪表进近最低标准中的最低下降高度（MDA）或者决断高度（DA）之上 450 m（1500 ft），或者机场标高之上 600 m（2 000 ft），取其中较高者。

② 机场能见度至少为 4 800 m（3 mile），或者高于目的地机场所用仪表进近程序最低的适用能见度最低标准 3 200 m（2 mile）以上，取其中较大者。

（2）该次飞行是在前往无可用备降机场的特定目的地机场的航路上进行的，而且飞机的燃油量满足燃油政策要求。

目的地备降机场的天气条件应当满足 CCAR-121 备降机场最低天气标准的要求。

五、备降机场最低天气标准

（1）对于签派或者飞行放行单上所列的备降机场，应当有相应的天气实况报告、预报或者两者的组合表明，当飞机到达该机场时，该机场的天气条件等于或者高于合格证持有人运行规范规定的备降机场最低天气标准。

（2）在确定备降机场天气标准时，合格证持有人不得适用标注有“未批准备降机场天气标准”的仪表进近程序。

（3）在确定备降机场天气标准时，应当考虑风、条件性预报、最低设备清单条款限制等影响因素。

（4）在合格证持有人运行规范中，签派或者放行的标准应当在经批准的该机场的最低运行标准上至少增加下列数值，作为该机场用作备降机场时的最低天气标准：

① 对于至少有一套可用进近设施的机场，其进近设施能提供直线非精密进近程序、直线类精密进近程序或直线 I 类精密进近程序，或在适用时可以从仪表进近程序改为盘旋机动，最低下降高（MDH）或者决断高（DH）增加 120 m（400 ft），能见度增加 1 600 m（1 mile）；

② 对于至少有两套能够提供不同跑道直线进近的可用进近设施的机场，其进近设施能提供直线非精密进近程序、直线类精密进近程序或直线 I 类精密进近程序，应选择两个服务于不同适用跑道的进近设施，在相应直线进近程序的决断高（DH）或最低下降高（MDH）较高值上增加 60 m（200 ft），在能见度较高值上增加 800 m（1/2 mile）。

（5）如选择具备Ⅱ类或Ⅲ类精密进近的机场作为备降机场计算备降机场天气标准，合格证持有人必须确保机组和飞机具备执行相应进近程序的资格，且飞机还应具备Ⅲ类一发失效进近能力。此时，签派或者放行标准应按以下数值确定：

① 对于至少一套Ⅱ类精密进近程序的机场，云高不得低于 90 m，能见度或跑道视程

不得低于 1 200 m；

② 对于至少一套Ⅲ类精密进近程序的机场，云高不得低于 60 m，能见度不得低于 800 m，或云高不得低于 60 m，跑道视程不得低于 550 m。

（6）如选择具备基于 GNSS 导航源的类精密进近程序的机场作为备降机场计算备降机场天气标准时，合格证持有人应当经过局方批准并确保：

① 机组和飞机具备执行相应进近程序的资格。

② 在签派或放行时，不得在目的地机场和备降机场同时计划使用类精密进近程序。

③ 对于对使用基于 GNSS 导航源的类精密进近的机场，应当检查航行资料或航行通告并进行飞行前接收机自主完好性（RAIM）预测。

④ 使用 RNP AR 程序的备降机场，计算备降机场天气标准所基于的 RNP 值不得低于 RNP0.3。

⑤ 在目的地机场有传统进近程序可用。

⑥ 在确定进近导航设施构型时，应当将基于同 GNSS 星座的仪表进近程序当作一套进近导航设施。

六、备降机场的使用

飞行签派员在制订飞行计划时，不得使用未列入运行规范中的机场作为备降机场，从备降机场起飞时，该机场的天气条件应当满足本公司运行最低标准中机场的起飞最低天气标准要求。当飞行处于紧急或危险情况时，可以使用未列入《运行规范》中的机场作为备降机场，但这一决定必须是在当时情形下为保障安全所能采取的唯一办法或最佳办法。在从未列入《运行规范》的机场起飞时，应当符合下列条件：

（1）该机场和有关设施适合于该飞机运行；

（2）驾驶员能遵守飞机运行使用的限制；

（3）飞机已根据适用于从经批准的机场实施运行的签派规则予以签派；

（4）该机场的天气条件等于或者高于该机场所在国政府批准的或者规定的起飞最低天气标准，或者如该机场没有批准的或者规定的标准时，云高 / 能见度等于或者高于 240 m / 3 200 m（800 ft / 2 mile），或者 270 m / 2 400 m（900 ft / 1.5 mile），或者 300 m / 1 600 m（1 000 ft / 1 mile）。

列入放行单的备降机场应在飞机到达在此机场时，能够满足安全落地的重量限制要求；而对于起飞备降机场，签派员要考虑在紧急备降时的燃油消耗及紧急放油量，避免飞机超重落地。

第四节 燃油政策

一、燃油量要求

（1）飞机必须携带足够的可用燃油以安全地完成计划的飞行并从计划的飞行中备降。

（2）飞行前对所需可用燃油的计算必须包括：

① 滑行燃油：起飞前预计消耗的燃油量。

② 航程燃油：考虑到运行条件中计算所需燃油应当考虑的因素，允许飞机从起飞机场或从重新签派或放行点飞到目的地机场着陆所需的燃油量。

③ 不可预期燃油：为补偿不可预见因素所需的燃油量。根据航程燃油方案使用的燃油消耗率计算，它占计划航程燃油 10%的所需燃油，但在任何情况下不得低于以等待速度在目的地机场上空 450 m（1 500 ft）高度上在标准条件下飞行 15 min 所需的燃油量。

④ 备降燃油：飞机有所需的燃油以便能够：

a. 在目的地机场复飞。

b. 爬升到预定的巡航高度。

c. 沿预定航路飞行。

d. 下降到开始预期进近的一个点。

e. 在放行单列出的目的地的最远备降机场进近并着陆。

⑤ 最后储备燃油：使用到达目的地备降机场，或者不需要目的地备降机场时，到达目的地机场的预计着陆重量计算得出的燃油量。对于涡轮发动机飞机，为以等待速度在机场上空 450 m（1500 ft）高度上在标准条件下飞行 30 min 所需的油量。

⑥ 酌情携带的燃油：合格证持有人决定携带的附加燃油。

（3）合格证持有人应按照四舍五入的方式为其机队每种型别飞机和衍生型确定一个最后储备燃油值。

（4）除非机上可使用的燃油符合上述燃油量的要求，否则不得开始飞行；除非机上可使用的燃油符合除滑行燃油以外的要求，否则不得从飞行中重新签派点继续飞往目的地机场。

二、计算所需燃油应当考虑的因素

1. 携带的可用燃油量必须至少基于的数据

（1）如果有的话，从燃油消耗监测系统获得的特定飞机的目前数据。

（2）如果没有特定飞机的目前数据，则采用飞机制造商提供的数据。

2. 计算燃油量必须考虑的计划飞行的运行条件

（1）风和其他天气条件预报。

（2）飞机的预计重量。

（3）航行通告。

（4）气象实况报告或气象实况报告、预报两者的组合。

（5）空中交通服务程序、限制及预期的延误。

（6）延迟维修项目和/或构型偏离的影响。

（7）空中释压和航路上一台发动机失效的情况。

（8）可能延误飞机着陆的任何其他条件。

3. 局方其他规定

尽管 CCAR-121 中有关于燃油量要求和特定情况燃油要求的规定，若安全风险评估结果表明合格证持有人能够保持同等安全水平，局方仍可以颁发运行规范批准合格证持有人使用不同的燃油政策。

本节中的所需燃油是指不可用燃油之外的燃油。

四、最低油量的宣布

当出现最低燃油量状况时，机长应当遵守下列规定。

（1）向空中交通管制员宣布“最低油量”或“MINIMUM FUEL。

（2）向空中交通管制员报告剩余的可用燃油还能飞行多少分钟。

（3）继续按照空中交通管制员同意的航路飞行。

（4）通知飞行签派员，已宣布了最低油量。

（5）如果按照目视飞行规则或者在无雷达地区实施运行，报告现在位置和预计到达目的地的时间。

注：最低油量是指飞行过程中，应当报告空中交通管制员采取应急措施的一个特定燃油油量最低值。该油量是在考虑到规定的燃油油量指示系统误差后，最多可以供飞机在飞抵着陆机场后，能以等待空速在高于机场标高 450 m（1 500 ft）的高度上飞行 30 min。

在 CCAR-121 的 T 章飞行运作第 121.555 条“飞行中燃油管理”规定：

在决定在某一特定机场着陆时，如经计算表明对飞往该机场现行许可的任何改变，会导致着陆时的机载剩余可用燃油量低于计划最后储备燃油量时，机长必须通过宣布“最低油量”或“MINIMUM FUEL”向空中交通管制部门通知最低油量状态，并通知飞行签派员。

宣布“最低油量”是通知空中交通管制部门对现行许可的任何改变会导致使用低于签派的最后储备燃油着陆。这并非指紧急状况，仅表示如果再出现不适当耽搁很可能发生紧急状况。

当预计在距离最近的能安全着陆的合适机场着陆时的机载剩余可用燃油量低于计划最后储备燃油量时，机长必须通过广播“MAYDAY MAYDAY MAYDAY FUEL”宣布燃油紧急状况。

案例：最低油量事件

2012 年，某公司 A321 飞机执行深圳至成都航班。由于成都双流机场低能见度天气，不够落地标准，机组复飞后决定备降重庆江北机场，在备降途中，机组被告知由于重庆没有停机位，除非明确宣布最低油量或紧急油量，否则前方不接收飞机前往重庆备降，最终在机组宣布了最低油量后飞机在重庆江北机场备降，实际剩余油量 2.24 t，构成一起较为严重的其他不安全事件。该航班总飞行时间 4 h，比预计飞行时间多 1 h 38 min。

经调查，导致此次事件的原因主要有以下几点：一是公司签派系统内部职责不明确，航班备降工作流程和程序欠规范；二是公司签派、机场现场指挥中心、管制部门之间协调沟通不畅，重要信息不对称；三是公司签派和管制部门当班人员对潜在的不安全信息不敏感，特情处理能力不强；四是机场综合保障能力不强。

第五节 特殊运行

随着航空公司的航线网络布局日渐扩大，特殊运行已步入公司中的运行行列，因特殊运行下的各种要求高，实施特殊运行给航空公司带来更多的挑战，本章介绍了二次放行、ETOPS，总结了几种特殊运行下的保障规律。

一、二次放行

在长距离国际航线飞行时，10%的不可预期燃油很少被消耗。为了充分利用这部分燃油，达到增加飞机业载和减少燃油消耗的目的，而采用计划的重新签派或放行（二次签派或放行）：在起飞机场首先放行航班飞往大约在该航班航路 89%航程附近的一个机场，作为初始目的地机场；并在航路上选择一个“二次签派或放行点”，在该点按飞机的实际重量和剩余机载燃油量，再次签派放行飞机至最终目的地机场，这两次签派放行的油量都必须遵守公司的燃油政策。

1. 二次放行的意义

二次放行主要是为了不违反 CCAR-121 关于航线的起飞油量规定的同时减少航线不可预期燃油，从而一方面遵守有关飞行放行的规定，另一方面又能设法利用未被使用的不可预期燃油，以减少目的地机场过多的剩余燃油。

CCAR-121 规定航班的起飞油量必须包括不可预期燃油，以应对由于领航误差、天气预报及空中交通延误引起的额外燃油消耗。

2. 实施二次放行的基本条件

能够获取快速、可靠、准确的计算机飞行计划，如 SITA Jeppesen 公司均可提供便捷的地空双向通信，如语音通信、ACARS 数据通信和卫星电话通信。

3. 实施的方法

制订二次放行飞行计划的关键在于合理选择二次放行点和初始目的地机场。初始目的地机场的最佳位置应在主航道上距起飞机场 91.4%～91.5%处，二次放行点即到初始目的地机场的下降点在主航道上距起飞机场为 89%处。

二次放行的主要思想是合理地利用航线燃油规定中的不可预期燃油。为了减少起飞油量但又符合规则要求，在保证飞行安全的前提下，可以先将航班签派飞往近于最终目的地机场的一个初始目的地机场，然后在一个适当的空中航路点（*R* 二次放行点），根据当时的机上剩余油量和其他放行条件，实施从二次放行点到最终目的地机场的二次放行，如图 4-1 所示。

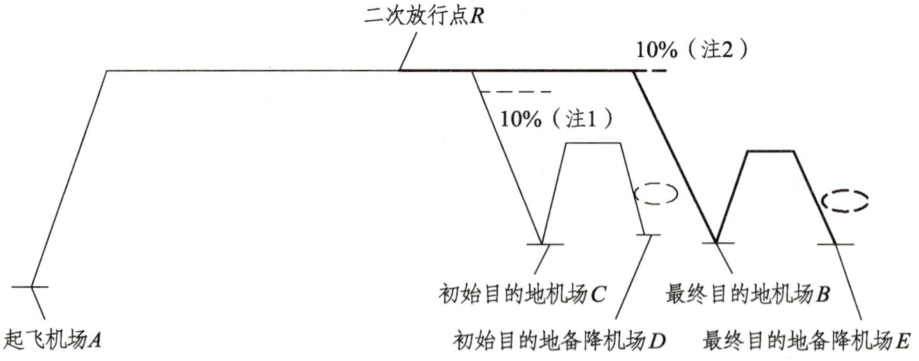

图 4-1 二次放行原理

（1）在起飞机场的起飞油量按照初始目的 *C*、备降场 *D* 计算，油量应符合《运行手册》的油量规定，其中应包括由 *A* 到 *C* 的不可预期燃油。

（2）在去初始目的机场 *C* 的下降点或稍前的一点 *R* 检查油量，若剩余燃油足以保证由 *R* 飞到 *B*，并继续飞行由 *R* 到 *B* 着陆的这段，还能由 *B* 飞到 *E* 后，剩余 30 min 最后储备燃油，则表明在 *R* 符合燃油规定，可以不用飞往 *C* 着陆，而是在 *R* 点再次放行到 *B*；反之，则飞往 *C* 着陆，补充燃油后再飞往最终目的地 *B*。

4. 案例分析

北京—法兰克福二次放行如图 4-2 所示。

初始目的地机场：EPWA（华沙）。

初始放行备降机场：EDDB（柏林）。

二次放行点：KI。

目的地机场：EDDF（法兰克福）。

目的地备降场：LSZH。

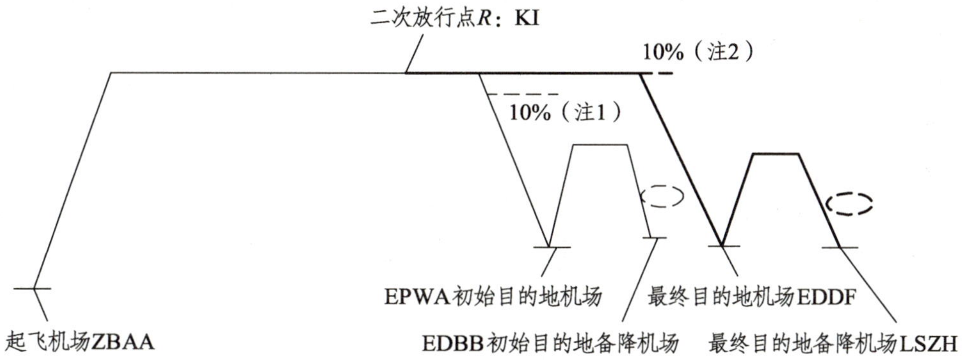

图 4-2 北京—法兰克福二次放行

二、ETOPS 运行

1. 延程运行定义

（1）延程运行 ETOPS（Extended Range Operations）：指在飞机计划运行的航路上至少存在一点到任一延程运行可选备降机场的距离，超过飞机在标准条件下静止大气中以经批准的一台发动机不工作时的巡航速度飞行 60 min 对应的飞行距离（以两台涡轮发动机为动力的飞机），或超过 180 min 对应的飞行距离（以多于两台涡轮发动机为动力的载客飞机）的运行。

（2）空中停车（In-Flight Shut-Down，IFSD）：指飞机在空中，发动机因其自身原因诱发、飞行机组引起或外部因素导致的失去推力并停车。

（3）延程运行可选备降机场（Suitable ETOPS Alternate）：对于特定延程运行航线，不考虑当时的临时状况，列入合格证持有人运行规范的可选的航路备降机场。这些机场必须满足 CCAR-121.197 条规定的着陆限制要求。它可能是下列两种机场之一：

① 经审定适合大型飞机公共航空运输承运人所用飞机运行的，或等效于其运行所需安全要求的机场，但不包括只能为飞机提供救援和消防服务的机场。

② 对民用开放的可用的军用机场。

（4）延程运行指定备降机场（Designated ETOPS Alternate）：指列入了合格证持有人的运行规范，并且考虑到当时的状况，在签派或飞行放行时预计可以供延程运行改航备降使用的，在签派或飞行放行中指定的航路备降机场。这一定义适用于飞行计划，并不限制机长在最终改航备降决策时根据实际情况选择其他的备降机场。

（5）延程运行区域（ETOPS Area）：延程运行区域是指下列区域之一。

① 对于以两台涡轮发动机为动力的飞机，延程运行区域是指在标准条件下静止大气中以经批准的一台发动机不工作的巡航速度飞行时间超过 60 min 才能抵达一个延程运行可选备降机场的区域。

② 对于以多于两台涡轮发动机为动力的载客飞机，延程运行区域是指在标准条件下静止大气中以经批准的一台发动机不工作的巡航速度飞行超过 180 min 才能抵达一个延程运行可选备降机场的区域。

（6）延程运行航段（ETOPS Segment）：指计划航路上处在延程运行区域中的部分。一条延程运行航线上可能存在多段延程运行航段。每一段延程运行航段都是由前后两个延程运行指定备降机场来确定的。

（7）延程运行进入点（ETOPS Entry Point，EEP）：指延程运行航路上进入第一段延程运行航段的进入点。

（8）延程运行等时点（ETOPS Equal-time Point，ETP）：延程运行航路中的一点，考虑到预计飞行高度和预报风的影响，自该点以经批准的一台发动机不工作的巡航速度飞向相邻两个延程运行指定备降机场的计划飞行时间是相等的。

（9）延程运行退出点（ETOPS Exit Point，EXP）：指延程运行航路上退出最后一段延程运行航段的退出点。

（10）批准的最大改航时间（Maximum Authorized Diversion Time）：为了延程运行航路计划之用，经局方批准在合格证持有人运行规范中列明的延程运行可使用的最大改航时间。在计算最大改航时间所对应的飞行距离时，假设飞机在标准条件下静止大气中以经批准的一台发动机不工作的巡航速度飞行。对于某特定机身发动机组合，批准的最大改航时间对应的是经局方批准的最大改航距离。

（11）燃油关键点（Fuel Critical Point）：延程运行航线各等时点中，所需临界燃油量大于根据正常备份油量计算出的飞行计划中在该点的预计剩余燃油量且差值最大。或者，所需临界燃油量等于或小于根据正常备份油量计算出的飞行计划中在该点的预计剩余燃油量且差值最小，该点被称为燃油关键点。

（12）临界燃油量（Critical Fuel）：假设飞机在燃油关键点一台发动机失效，按照合格证持有人延程运行临界燃油量的相关要求，飞抵延程运行指定备降机场所需的最少燃油量。

（13）旅客航程恢复计划（Passenger Recovery Plan）：在航班改航备降之后，合格证持有人应当恰当地安置旅客和机组，保障旅客和机组的基本生存条件，满足旅客和机组的基本需要，并尽快安排旅客恢复其前往原定目的地的旅程。针对上述整个过程，合格证持有人所制定的方案就是旅客航程恢复计划。

2. 延程运行的规定和运行要求

（1）延程运行的各项相关规定的主要目的。

① 减少改航备降的发生。

② 如果确实发生了改航备降，保障改航备降运行的安全。

机组成员与签派人员在实施延程运行前必须熟悉公司的《特殊运行手册》中对延程运行的相关规定，并完成合格证持有人的乘客救援计划中的职责和作用进行培训。

（2）延程运行指定备降机场的要求。

① 延程运行的基本理念就是在飞机系统部分或全部失效的时候，始终有合适的航路备降机场供选择。大部分时候，飞机在航路上一定范围内有多个航路备降机场可用。但是，实施延程运行的合格证持有人会遇到在飞机某些时限系统的时间限制范围内只有一个合适备降机场的情况。因此，延程运行指定备降机场必须有条件保障飞行运行的安全。在延程运行指定备降机场的关注时间段内，天气条件不得低于运行最低标准，且风和跑道道面的条件允许飞机在一台发动机失效或其他系统失效的情况下安全进近和着陆。如果某机场的其他条件符合要求，仅仅是 PCN 值略低于 ACN 值（可参考 ICAO 附件 14 第一卷附篇 A 中 20.1、20.2 等相关条款），该机场是可以接受作为备降机场的。合格证持有人应当针对这种情况制定一套程序和标准，指导机组人员和签派员或合格证持有人授权实施运行控制的人员做出合理的决策。

② 签派或飞行放行时，在延程运行指定备降机场的关注时间段内，延程运行指定备降机场预报的天气条件不得低于延程运行备降机场最低标准，具体的内容在合格证持有人的运行规范中予以列明。如果不同时作为延程运行指定备降机场，起飞和目的地机场不需要满足延程运行指定备降机场天气最低标准。

③ 飞机起飞后，延程运行指定备降机场的天气预报必须满足运行最低标准。其他航路备降机场的可用性取决于该机场的实际天气和场面条件。

④ 飞机经过延程运行进入点之后，如果延程运行指定备降机场的天气条件恶化至低于运行最低标准，不要求修改飞行计划。机组和签派员应当实时监视其他延程运行可选备降机场的可用性，并做出恰当的决策。

⑤ 对于对运行有特殊限制的机场，如果合格证持有人无法满足其要求，则不应将其作为延程运行指定备降机场。

3. 航路运行要求

飞机起飞后，延程运行指定备降机场除了天气条件应当保持等于或高于运行最低标准，其他运行条件还必须持续地满足初始签派或飞行放行中的其他各项要求。飞行机组和签派员应当监控用于延程运行的备降机场是否出现了天气条件恶化、设施设备的可用性受限等有可能导致机场不再可用的情况。在飞行过程中，如果延程运行指定备降机场的条件发生了重大变化，应当及时通知飞行机组成员，尤其是那些会导致飞机无法降落的信息。

飞机到达延程运行进入点之前，合格证持有人必须评估延程运行指定备降机场在其关注时间段内的可用性。如果出现任何不能确保安全进近和着陆的情况，如天气条件低于着陆运行最低标准，应当通知机长，并且重新指定其他能够保证安全进近和着陆的延程运行指定备降机场。根据新的延程运行指定备降机场，可能需要修改计划航路。修改的飞行计划应当包括批准的运行区域内新指定的延程运行指定备降机场的信息。机长应当能够获得在批准运行区域内可用的其他延程运行可选备降机场的运行条件以及天气信息（包括应急处置能力、进近助航设施、机场基础设施等）。修改后的计划航路上任意一点距离新指定的延程运行指定备降机场的改航时间依然要符合该次签派或飞行放行时确定的最大改航时间限制。如果无法满足上述要求，应当修改计划航路在非延程运行区域完成飞行运行。如果在非延程运 行区域内完成飞行运行不可行，则应当选择改航备降。

飞机飞越延程运行进入点之后，如果延程运行指定备降机场的天气条件恶化低于着陆运行最低标准（或者任何造成机场跑道不再可用的其他情况，见表 4-5），合格证持有人不需要因此修改航路或改航备降。机长应当与签派员沟通对当时的安全运行状况做出合理的评估和判断，确定最安全的运行方案。此时机长有权决定修改航路，备降到延程运行指定备降机场，或者使用计划航路继续飞行。

表 4-5 延程运行指定备降机场天气最低标准

进近设施配置	云高	能见度
对于至少有一套可用进近设施的机场，其进近设施能提供直线非精密进近程序、直线类精密进近程序或直线Ⅰ类精密进近程序，或在适用时可以从仪表进近程序改为盘旋机动	最低下降高（MDH）或者决断高（DH）增加 120 m（400 ft）	着陆最低能见度增加 1 600 m(1 mile）
对于至少有两套能够提供不同跑道直线进近的可用进近设施的机场，其进近设施能提供直线非精密进近程序、直线类精密进近程序或直线Ⅰ类精密进近程序（应选择两个服务于不同适用跑道的进近设施）	相应直线进近程序的决断高（DH）或最低下降（MDH）较高值上增加 60 m（200 ft）	着陆最低能见度较高值上增加 800 n（1/2 mile）
对于至少一套Ⅱ类精密进近程序的机场	云高不得低于 90 m（300 ft）	着陆最低能见度或跑着陆最低能见度不得低于 1 200 m（3/4 mile），或跑道视程（RVR）不得低于 1 200 m（4 000 ft）
对于至少一套Ⅲ类精密进近程序的机场	云高不得低于 60 m（200 ft），	着陆最低能见度不得低于 800 m（1/2 mile），或跑道视程（RVR）不得低于 550 m（1 800 ft）

注：1. 在确定所使用的仪表进近程序时，应当考虑到其他的相关因素。预报的风或阵风值不得超过运行限制值。

2. 一般不需要考虑条件性天气预报的内容，如 INTER、TEMPO、PROBXX 等后面的内容，但是如果 PROB40 或者 TEMPO 的内容低于适用的运行最低标准，则必须加以考虑。

3. 当按照 MEL 的条款实施签派或飞行放行，在确定延程运行指定备降机场天气最低标准的时候，必须考虑 MEL 项目限制对仪表进近最低标准的影响。

4. 类精密进近按照非精密进近标准执行。

复习思考题

1. 谁应该对国内、国际定期载客运行的运行控制负责？

2. 谁应该对补充运行的运行控制负责？

3. 对于国内定期载客运行的飞机，在原签派放行单列出的中途机场地面停留的时间限制是什么？

4. 什么是新机长？

5. 简述新机长的仪表飞行规则着陆最低天气标准。

6. 何时需要选择起飞备降机场？选择起飞备降机场时有何要求？

7. 简述选择备降机场时的最低天气标准。

8. 签派放行单包括哪些内容？

9. 简述燃油政策。

10. 除满足燃油政策外，计算所需燃油还应当考虑哪些因素？

11. 某定期载客运行航班任务执行完成后，签派放行单至少需要保存多久？

12. 二次放行的意义是什么？

13. 什么是 ETOPS 运行？

第五章 运行监控

随着民用航空运输业的飞速发展，特别是载客量越来越大、航程越来越远的航空器逐渐投入运营后，航空公司的安全营运越来越受到各国民用航空主管当局的重视。而随着对航空公司安全运营的研究的深入，人们已经意识到运行监控是一个非常重要的环节，与飞行安全有着密不可分的联系。本章主要讲解运行监控的内容、要求及人员职责，并结合当前运行监控手段与不同情况下的监控示例介绍，为快速发展的航空公司运行提供有效的运行保障。

第一节 运行监控概述

运行监控是航空公司的运行中枢，在保障公司运行安全正常方面发挥了重要作用。运行控制的核心是风险控制，不仅包括在航班运行前对航路、机场、天气、机组的风险分析，更重要的是要发挥在航班运行过程中的监控和对机组的支持作用。

一、定 义

运行监控：运行监控是运行控制的重要组成部分，是指合格证持有人使用用于飞行运行监控的系统和程序，实时自动获取航班运行情况、飞机状态等信息，发现影响安全的不正常情况进行报告和处置的过程。

告警：通过识别航班运行过程中出现的运行风险和不正常情况，将识别到的结果以必定能够被发现的方式主动通知相关运行人员。

二、运行监控的要素

位置监控：飞机当前位置的经纬度坐标。
航迹监控：通过对飞机历史位置的持续显示，获取飞机飞行轨迹。
高度监控：飞机实时高度值。
油量监控：机上剩余燃油量。
气象监控：根据飞机当前飞行阶段，获取运行机场及航路气象条件，包括云高、能见度、风、降水、颠簸、积冰等影响运行的天气现象。

飞行动态：获取飞机运行信息，识别其推出、滑行、起飞、落地、滑入等各个关键节点。

异常机动：识别飞机偏航、低高度、备降、返航、复飞、紧急下降、中断起飞等偏离飞行计划的情况。

应答机编码：获取飞机设置的特殊应答机编码（7500/7600/7700）。

故障监控：影响飞行安全的系统或重要部件在飞行过程中发生故障时飞机产生的告警信息（以下称重要故障信息），包括但不限于发动机系统、液压系统、飞控系统、起落架系统、引气系统、空调系统。

信息延迟：确保实现监控系统各项功能所需信息的接收频次满足相关要求。

三、运行监控信息的获取

运行信息是航班运行监控的重要基础和依据。为确保飞机运行过程中运行信息被及时接收，飞机与地面监控系统之间的信息交互需要满足以下要求：

（1）对于飞机 4D 位置（经度、纬度、高度、时刻）、油量信息，监控频次间隔不超过 15 min，航空承运人可根据自身实际采用更短的监控间隔。

（2）飞行中的重要故障信息，机载设备应当自动触发，并将信息传递给维修监控人员；对于受机载设备限制无法实施自动监控的，承运人应制定流程，由飞行机组主动报告的方式完成监控工作；航空承运人应在飞机制造商软件系统基础上积极开发、扩展监控功能。

（3）对于要求的监控信息，除了飞机自动下发，运行监控系统应当具备主动获取飞机 4D 位置信息和油量的功能，以便于飞行签派员、维修监控人员根据运行需要，主动对运行状态进行监控和确认。

（4）对于监控信息未及时获取的情况，航空承运人应当制定备份预案，确保运行监控工作持续开展。

四、系统告警

（1）当航班运行已经出现或较大概率出现不正常情况时，监控系统应当给予地面监控人员可视化或者声音告警，告警信息只能由人工操作进行解除。监控系统告警应至少覆盖以下情况，航空承运人可以根据运行实际在此基础上增加告警项目：

① 巡航阶段飞机偏离计划航线 100 km 及以上。

② 巡航阶段飞机高度低于上一年度记录的航线历史最低高度（排除异常高度）1 200 m 以上。

③ 飞机当前剩余油量低于飞行计划中飞至目的机场航程燃油、备降燃油以及最后储备油量之和。

④ 动态监控告警：飞机抵达决断点、二放点，或超时未落地。

⑤ 飞机进行备降、返航、盘旋等待、中断起飞、紧急下降、复飞。

⑥ 起飞机场、目的地机场、备降机场气象条件处于或低于运行标准。

⑦ 运行机场出现或预期出现大雨、雷暴、低空风切变、大风超标、地面结冰条件等恶劣天气现象。

⑧ 航路出现颠簸、积冰、火山灰等恶劣天气现象。

⑨ 系统超过 15 min 没有收到飞机的下传 4D 位置信息。

⑩ 重要故障信息告警，具体如空客 A320、A330、B737、B777 系列的 H 级故障告警，A350 系列的 DISPATCH 信息或其他机型的同等级别告警信息。

（2）航空承运人应当为运行监控项目制定系统告警逻辑。

（3）运行监控系统对于监控项目进行可视化或声音告警的设计应当足够明显，确保监控人员能够观察到告警信息。

五、飞行机组报告

在运行监控工作中，当监控人员无法通过运行监控系统获知全部的飞行情况时，飞行机组的主动报告是运行监控的一个重要信息来源。航空承运人应当设立第一联络人（“First Contact Principle”）原则，规定签派作为管制以外的第一联络人，飞行机组在执行任务过程中，遇到涉及飞行安全的不正常信息或需要地面协助时，都应当及时通报飞行签派员。当遇到下列情况时，机组应尽快与签派取得联系：

（1）因各种原因发生航路偏航、燃油消耗增加、飞行时间延长、飞行高度偏差等偏离飞行计划，并可能影响航班正常运行时，机组尽快通报签派员，以便飞行签派员跟踪监控航班运行状况。

（2）飞行机组在飞行中遇到预期之外的危险天气应当通报飞行签派员。飞行机组要尽可能获取有关危险天气的最新信息，包括询问空管单位和联系签派员等。

（3）飞行期间，机组应当将飞行中的各种不正常情况（如复飞、返航和备降；发生雷击、雹击、鸟击、发动机停车、火警、座舱释压等）及时通过 ACARS、VHF、卫星电话等通信手段通知飞行签派员，以获取必要的地面支援。

六、运行监控人员的职责

运行监控人员是指经合格证持有人授权的飞行签派、机务维修、飞行技术人员，使用运行监控系统和程序，对航班运行情况进行监控和处置。航空承运人应当在运行中心（AOC）配备了足够数量的、合格的运行监控人员，从事运行监控工作。飞行机组需对运行中机上发生的所有情况进行监控，并与 AOC 紧密配合。AOC 值班经理负责实时关注运行监控人员整体工作开展情况，对正常和不正常运行进行监控与指挥。

航空承运人应当明确航空气象、飞行情报、飞机性能监控职责和流程，对航班运行监控工作提供支持。

1. 飞行签派员职责

飞行签派员应当监控整个运行过程，掌握航班当前运行情况和影响运行的相关信息；签派员在向机组提供此类信息时，需要同时将针对该信息的处置意见提供给机组参考，以提高空地联合决策的效率。

如果航空承运人单独设置监控岗位，必须确保负责运行监控的飞行签派员具备所监控航班的放行资质，并且已经完成了满足其监控所需的运行区域、业务种类的全部培训并检查合格。航空承运人须在其运行手册中明确监控与放行的协作程序和权责划分。

在签派放行完成至飞机实际起飞之前，飞行签派员应当监控可能影响该次飞行安全的机场条件和导航设施不正常等方面的所有现行可得的报告或者信息。

在飞行期间，飞行签派员应当及时发现可能影响该次飞行安全的天气条件，有关设施、服务不正常，以及其他任何可以获得的补充信息。

2. 维修监控人员职责

维修监控人员应当持有民用航空器维修人员执照，主要监控飞机飞行过程中的机载设备运行状况，当发现影响安全的飞机故障或设备不正常情况时，应尽快通知飞行签派员，必要时和飞行机组直接建立联系。承运人维修系统的生产控制人员（如 MCC）应对 AOC 维修监控人员提供足够的支持和支援。

3. 飞行技术人员职责

飞行技术人员与飞行签派员、维修监控人员共同就飞机飞行过程中出现的各类不正常运行事件进行协商、决策，尤其是针对运行监控中出现的告警信息处置。 航空公司应当对参与运行监控的飞行技术人员资质做出规定，至少应持有航线运输驾驶员执照。

4. 运行监控工作的延续性

在实施运行监控时，因值勤时间限制、公司岗位划分、临时工作调整等因素对飞行签派员、维修监控人员、飞行技术人员进行人员调整时，对应岗位必须将监控情况进行妥善交接，避免因为交接不全面而产生监控盲点或影响工作延续性。

第二节 飞行监控和飞行跟踪

一、国内、国际定期载客运行飞行监控的要求

在 CCAR121 中的 E 分部中第 121.97 条“通信设施”规定如下：合格证持有人应当证明，在正常运行条件下，在整个航路上，所有各点都具有陆空双向无线电通信系统，能保证每一架飞机与相应的签派室之间，每一架飞机与相应的空中交通管制单位之间，以直接的或者通过经批准的点到点间的线路进行迅速可靠的通信联系。除经局方根据所用机型和运行情况作出特殊批准外，对于合格证持有人的所有运行，每架飞机与签派室之间的通信系统应当是空中交通管制通信系统之外的独立系统，能够满足在正常运行条件下，在 4 min 内建立迅速可靠语音通信联系。

根据以上规章要求，飞行签派员必须充分利用各种通信手段或其他适用方法对每架运行中的飞机实施监控，了解飞机的运行动态；在飞行期间机长应通过公司电台等尽量与飞行签派员保持联系以互通信息，如公司位置报告点的联系等。但在飞行关键阶段包括滑行、起飞和着陆的所有地面操作，以及除巡航飞行以外的在 3 000 m（10 000 ft 以下进行的所有其他飞行操作）机长与飞行签派员的这种联系应尽量减少或避免，除非这种联系是飞行安全所必需的。

飞行签派员承担的监控责任应从飞机起飞、目的地机场着陆或完成与另一名飞行签派员之间的正常换班或接替飞行监控的飞行签派员之间的交接协调为止。

二、补充运行的飞行跟踪要求

（1）飞行跟踪中心应当设在适用于对下列情况实施飞行跟踪的位置：确保对每次飞行的始发机场和目的地机场的飞行进程进行适当的监控，包括对中途停留机场和改航备降机场飞行进程的监控，以及对在这些机场所需的维修或者机械延误进行适当的监控。确保机长能够得到安全飞行必需的所有资料。

实施补充运行的合格证持有人可以使用非所属人员提供的飞行跟踪设施，但在这种情况下，合格证持有人应当对每次飞行的运行控制持续负责。飞行跟踪系统不要求与空中飞行的机组建立通信联系。在合格证持有人的运行规范中应当明确批准使用的飞行跟踪系统和飞行跟踪中心的所在位置。

（2）飞行跟踪系统要求

实施补充运行的每个合格证持有人应当证明系统具备足够的设备和合格人员，为下列人员提供每一次飞行的起始和安全运行所必需的信息:每架飞机的飞行机组；合格证持有人指定实施运行控制的人员。并且飞行跟踪系统具有公共或私人设施（如电话、电报或者无线电）获得通信的能力，确保对每次飞行的始发机场和目的地机场的飞行进程进行适当的监控，包括对中途停留机场和改航备降机场飞行进程的监控，以及对在这些机场所需的维修或者机械延误进行适当的监控。

对航空公司实施补充运行飞行跟踪的要求主要特点为：并非要求飞行签派员实施全程跟踪；飞行跟踪设施可以是不独立的。不过，实际运行时，航空公司可以实施较高的标准。

第三节 飞行监控的通信手段与程序

一、飞行监控的主要通信手段

目前，国内的地空通信系统主要可以分为数据链通信和语音通信两大类。对于数据链通信来说，使用得较多的是 ACARS（航空器通信寻址和报告系统）；而语音通信主要包括 VHF 无线电通信、HF 无线电通信、卫星电话，以及使用通过第三方电台实现语音转接的语音粘贴（PHONE PATCH）方式实施航路中的飞行监控。

1. 语音通信

（1）甚高频无线电（VHF）。

国际民航组织规定 VHF 使用频率范围为 118 ~ 136.975 MHz，通过直线波传输，其优点是通信质量高，缺点是通信距离较短，容易受到障碍物干扰。

（2）高频无线电（HF）。

国际民航组织规定 HF 使用频率范围为 2~30 MHz，通过天波传输，其优点是通信距离长，缺点是通信质量不稳定。

（3）选择呼叫（SELCAL）。

选择呼叫是由 ARINC 公司开发的一项基于 HF 的语音通信技术，供地面呼叫飞机使用。每架飞机具有固定的 SELCAL 代码，由 4 个字母组成。当地面在指定的频率上输入相应的 4 个字母，空中飞机的驾驶舱里就会有提示，说明地面单位在这个频率上呼叫，机组再通过此频率去联系地面。因此在执行越洋航线这类长航线时，机组测试过 SELCAL 系统工作正常后，可以不对通信进行直接监听，从而降低工作负荷。

（4）语音粘贴（PHONEPATCH）。

语音粘贴是由 ARINC 公司专门开发的，可以实现航空公司运行控制中心与航空器之间远程通信联系的，一套基于 HF 的通信联络方式。地面可以使用普通电话联系 ARINC 公司的北京呼叫中心，电话告知其所需呼叫飞机的 SELCAL 代码，北京呼叫中心即可联系到空中飞机，并通过电话语音信号和 HF 信号的相互转换，实现陆空通信。

（5）卫星电话（SATCOM）。

卫星电话由卫星通信系统提供语音通信服务，覆盖南北纬 78°以内区域。民航局要求我国航空公司的飞机应当通过机载卫星通信系统，实现运行控制中心与每架飞机之间能够在 4 min 内建立及时、可靠的语音通信联系目标，以保证飞机与地面之间的不间断联系，确保飞机的运行安全。基于 CCAR-121 的规定，MEL 中卫星通信系统 SATCOM 无法保留故障，必须工作正常。

在航空器起飞前，签派员可以通过语音通信与机长进行放行沟通，如果目的地或者航路天气有重要变化，需要双方决定该航班是否需要延误或者取消。如果某些地面保障单位迟迟没有到位，机长也可以通过语音通信要求签派员进行协调，以保障飞行任务的正常执行。航路上如果遇到紧急情况或者需要向地面请求信息的时候，可以通过语音通信与签派员取得联系；同样当地面有需要向飞行员提供的信息或有需要了解的情况时，也可以联系飞行员。如果公司要求，还应在公司规定的报告点报告飞机所在位置、预达时间、油量等相关情况，以便地面控制中心能对飞行任务的执行情况有及时的了解。在航空器降落前，飞行员可以通过语音通信向签派员通报预计到场时间以及落地后所需要的地面服务，并获得停机位信息。

2. 数据链通信

飞机通信寻址与报告系统(Aircraft Communication Addressing and Reporting System，ACARS）是一种在航空器和地面站之间通过无线电或卫星传输短消息或报文的数据链系统。在飞机与签派员之间，ACARS 能够提供快速、高质量的通信联系。利用该系统可实现对飞机的全程跟踪监控，并可实现地面与飞机间的双向数据通信。ACARS 能够覆盖世界范围内的任何地区，但要求在飞机上安装特别的设备。

飞机通信寻址与报告系统的一个主要应用是自动检测和报告飞机在主要飞行阶段（推出登机门——Out of the gate，离地——Off the ground，着陆——On the ground，停靠登机门——Into the Gate；OOOI）的变化。这些 OOOI 事件是由飞机通信寻址与报告系统管理单元通过飞机上各种传感器（如舱门、停留刹车和起落架上的开关传感器）的输出信号来确认的。在每一飞行阶段的开始时刻，ACARS 将一个数字报文发送到地面，其中包括飞行阶段名称、发生时刻，以及诸如燃油量、始发地、目的地等信息。

随着飞机通信寻址与报告系统的发展，其控制单元现在与驾驶舱内的控制显示单元（CDU）之间有了直接连接。CDU，通常也称 MCDU（多功能 CDU）或 MIDU，让机组可以像收发电子邮件一样收发消息。这项功能使飞行人员能够处理更多类型的信息，包括从地面获取各种类型信息以及向地面发送各种类型报告。例如，飞行员想获得某一地点的气象信息，通过在 MCDU 屏幕上输入地点及气象信息类型，通过 ACARS 系统将此请求发送到地面站，之后地面计算机处理该请求，并将应答信息发回飞机上的 ACARS 管理单元显示或打印出来。

为了支持更多的应用，如气象、放行、中转航班等，ACARS 的消息类型越来越多。航空公司为了某些特定的应用和特定的地面计算机开始定制 ACARS 系统。这导致了每家航空公司都在自己的班机上安装了自己的飞机通信寻址与报告系统应用。

二、航班监控及处置程序

当监控到天气、飞机故障、机场保障等影响航班运行的相关情况时，每个岗位根据 AOC 分配的工作职责，按照规定的流程，就本专业在实现预期目标中的责任提出处置建议。AOC 各岗位应当密切合作、充分会商，为飞行签派员做出决策意见提供支持，并将该意见告知飞行机组，与机长协同决策。同时，AOC 应向地面保障单位进行工作布置，以达到控制运行风险、快速解决运行问题的目的。

运行控制部、飞行部和维修工程部联合制定运行监控程序和不正常情况处置程序。不正常情况处置程序至少应当包括偏航、高度异常、异常机动（备降、返航、复飞、紧急下降等）、低油量、应答机紧急编码（7500/7600/7700）等。在制定不正常情况处置程序时，还应当考虑对应情况的发展阶段和风险程度，制定分级处理措施。在飞机到达目的地机场或备降场，起始进近阶段以前，飞行机组和飞行签派员应对落地机场天气情况进行判断，如落地机场天气处于或低于边缘天气条件，飞行签派员应主动联系机组，提供周边备降机场情况及决策意见，为机组最终决策提供支持。

三、气象信息的监控

1. 天气实况和预报

（1）FWS 天气告警系统。

该系统直接提取民航气象终端的气象信息，经过客户化改进，责任签派员到岗后以分配给本人的用户名和密码登录该系统，系统可根据用户设定的标准以不同颜色表示不同的告警级别。系统可显示机场的最新实况变化及机场特选天气报，并可查询不同时段的实况和预报，利用该模块可方便地监控到天气变化情况。

（2）公司运行网气象系统。

该系统直接提取民航气象终端的气象信息，可以根据不同选择方式查询机场天气、SIGMET 情报、卫星云图及建设中的雷达、高空资料，其中机场天气可以根据地区、航线方式方便查询。

（3）民航气象终端。

FWS 天气告警模块和公司运行网气象系统数据均源于中国民航气象系统，因此在公司运行网失效情况下直接利用民航气象终端作为备份手段。

2. 天气图

天气图主要指高空风温图及天气形势预报图，民航各气象台每日转发 4 次，时间为 00、06、12、18UTC，每份资料有效时间为 6 h（发布时间±3 h），若未及时收到传真，则应向航管气象台索要。

（1）高空风温图。

高空风温图提供不同地区飞行高度层风温情况，这对于未实施 CFPL 签派的航班分析此图尤为重要，责任签派员与机长应根据最新有效的风温图对比航线分析并确定签派油量。若飞行中责任签派员监控到高空风温与签派放行时变化较大，则应将此信息通报飞行机组做好燃油监控，必要时做好变更签派。

（2）天气形势预报图。

天气形势预报图提供不同地区飞行高度层的重要天气形势预报，主要是高空急流、颠簸区、积冰区、对流层顶/底高度、零温层高度、台风等系统天气的变化、移动趋势，责任签派员与机长应根据最新有效的预报图确定签派油量（额外增加油量）。若飞行中责任签派员监控到最新的重要天气预报与签派放行时变化较大，则应将此信息通报飞行机组做好燃油监控，必要时做好变更签派。

四、航行情报的监控与通报

重要机场信息：通过公司运行网航行情报网页查询重要机场信息，并研究其对飞行的影响并向飞行机组通报。

航行通告：通过公司运行网“航行情报”栏实时监控航行通告，尤其冬春季北方机场的雪情和机场关闭通告，研究其对飞行的影响并向飞行机组通报。

五、国内、国际定期载客运行的紧急情况

（1）在需要立即决断和处置的紧急情况下，机长可以采取他认为在此种情况下为保证飞行安全应当采取的任何行动。在此种情况下，机长可以在保证安全所需要的范围内偏离规定的运行程序与方法、天气最低标准和其他规定。

（2）飞行签派员在飞行期间发现需要其立即决断和处置的紧急情况时，应当将紧急情况通知机长，确实弄清机长的决断，并且应当记录该决断。如果在上述情况下，该飞行签派员不能与飞行人员取得联系，则应当宣布进入应急状态，并采取他认为在此种情况下为保证飞行安全应当采取的任何行动。

（3）当机长或者飞行签派员行使应急权力时，应当将飞行的进展情况及时准确地报告给相应的空中交通管制部门和签派中心。宣布应急状态的人员应当通过该合格证持有人的运行副总经理，向局方书面报告任何偏离。飞行签派员应当在应急状态发生后 10 天内提交书面报告，机长应当在返回驻地后 10 天内提交书面报告。

第四节 飞行监控示例

一、正常情况下的通话

1. 飞行前

（1）放行条件的交流：向飞行员提供收集和掌握的气象情报、航行情报和机场、航路设备工作情况，并且就航空器加油量，跟机长达成共识。

P: Dispatch, air china 101.

D: air china 101, dispatch.

P: We need the fuel and weather of the next flight.

D: 101, your estimated payload is 11.8 t, fuel is 10.4 t, aviation routine weather report: Beijing airport, date 06 time 06 UTC, wind 150 degrees and 5 meters per second, visibility 1 600 meters, RVR of runway 36 is 1 800 meters, mist, scattered 690 meters, scattered cumulonimbus 690 meters, broken 1 200 meters temperature 21 degree centigrade, dew point 13 degree centigrade, QNH1008, no significant.

（METAR ZBAA 060600Z 15005MPS 1600 R36/1800 BR SCT023 CB OVC04021/13 Q1008 NOSIG=）

P: Thank you, our fuel is 10.8 t.

D: Roger, 10.8 t.

（2）地面服务的协调：与各项保障部门沟通、协调，以保证航班的正常运行，包括配餐、舱单、摆渡车等。

示例：

P：国航签派，CCA101。

D：CCA101，国航签派，请讲。

P：我们的舱单为什么还没有送到？麻烦你催一下吧。

D：好的，地面人员已经拿了单子过去了，应该在路上了，麻烦你稍等一下。

2. 飞行中的通话

（1）对航空器预计到场时间的掌握、停机位的发布。

示例：

P: Dispatch, Sichuan airline 8888.

D: Sichuan airline 8888, go ahead.

P: ETA 08.

D: Roger ETA 08, your gate is K29.

P: Gate K29, see you later.

D:See you.

（2）落地后需要地面服务：与各项保障部门沟通、协调，及时处理机长的要求。

示例：

P: Dispatch, China Southern 3101.

D: CZ3101,go ahead.

P: We have a patient on board; please send me a wheelchair after landing.

D: Roger, there will be a wheelchair.

3．飞行后的通话

（1）航班信息的交流：了解关于当次航班的执行情况，例如天气、耗油等。

示例：

D: Sichuan air line 8961, dispatch.

P: Go ahead, Sichuan air line 8961.

D: Could you please tell me that your actual fuel consuming from shanghai?

P: 13.5 t.

D:13.5 t， thanks.

（2）机组人员的调整：某些情况下，机组人员会出现临时变动，需要和相关部门进行沟通和协调。

示例：

D：MU5402，东航签派请讲。

P：我们机上的×××机长现在身体很不舒服，麻烦跟飞行值班室说下，看怎么调整。

D：好的，稍后给你答复。

D：MU5402，东航签派。

P：MU5402，请讲。

D：我们马上会派机组车去接×××机长。另外，你们剩下的航班，值班室已经调了×××机长来飞。

P：好的，谢谢。

D：不用。

二、非正常情况下飞行监控的通话示例

1．飞行前的通话

（1）商载：当实际商载高于正常水平，或者是影响到飞行安全时，飞行员可以要求减少货物，以保证飞行安全。

示例：

P：国航签派，CCA101。

D：CCA101，国航签派，请讲。

P：今天货运给上的货刚好是满载，这样我们在航路上想提升高度都不行。

D：那你看要不要下一部分货。

P：算了，这次就这样吧，希望下次不要这样。

D：好的，我会跟货运那边讲。

（2）重要天气的通报：当目的地机场的天气或航路天气不稳定，也许会威胁到飞行正常的时候，应及时通报给飞行员。

示例 1：重要天气现象。

D：CSC8896，签派。

P：请讲，CSC8896。

D：成都那边现在有雷雨，机场没有起落，预计 1 h 后会消散，航路上有少量的 CB。

P：好的，那我多带点油吧，多加 0.5 t。

D：收到，多加 0.5 t。

示例 2：

D：CSC8661，川航签派。

P：签派请讲。

D：CSC8661，07∶47 收到昆明的特选报请抄收：SPECI 252345Z 0000MPS 0400 FG FEW003 BKN009 01/01 Q1018 NOSIG。

P：CSC8663，昆明特选收到，请问天气趋势。

D：昆明预报预计到 09∶00 以后，能见度能达到 800 m，RVR550 m。趋势是在转好的。

P：好的 CSC8663 收到，上完客后 08∶30 再了解一下实况。

D：好的收到。

（3）旅客：由于旅客没有到齐等原因，造成航班延误等情况时，飞行员与签派员需要共同决定是否要等余下的旅客。

示例：

P：东航签派，MU2463。

D：MU2463，东航签派请讲。

P：还有 4 名乘客没有登机，再等下去航班会延误，请帮忙找下那几名旅客。

D：好的，请稍等。

D：MU2463，东航签派。

P：MU2463，请讲。

D：地面人员没有找到那几名旅客，值班领导说不用等了，按正常时间起飞。

P：好的，收到了。

（4）航班变更或者取消：当航班延误严重时，签派部门可以根据实际情况对当日航班计划进行调整，并且及时通报有关部门和机组。

示例：

D：CSC6054，川航签派。

P：CSC6054，请讲。

D：现在拉萨的天气还是没有明显好转，根据预报，也许要到下午 1 时大雾才会消散。所以，为确保后续航班的正常，取消 8965/6 航班。

P：好的，那拉萨后面的贵阳还是我们来飞吗？

D：你们从拉萨回来后直接飞 8693/4 就可以了，贵阳由其他飞机来飞。

P：好的，明白了，拉萨回来后飞 8693/4。

D：是的，拉萨天气好转后我们也会马上通知你们的。

2. 飞行中的通话

（1）飞行员报告需要地面协调或服务：当飞机上有特殊情况或者紧急情况时，飞行员应当提前通知签派部门，以获取相关帮助，做好地面服务的准备。

示例：

P：南航签派，CZ8466。

D：CZ8466，请讲。

P：CZ8466 上有一名旅客出现急性肠炎症状。飞机大概还有半小时落地。

D：CZ8466，情况收到，我们立即通知地面相关部门处理，飞机停机位 K11。

（2）飞机故障：当航空器出现故障，需要地面维修时，会先通知签派部门。

示例：

P：海航签派，HU7086。

D：HU7086，请讲。

P：HU7086，机号 B××××，ATSU 计算机显示故障。

D：好的，HU7086，立即通知机务人员上机检查。

（3）收到航行通告：收到情报室的航行通告后，应立即通知相关航班的机长。

示例 1：主起降跑道变更。

D：CSC8674，川航签派。

P：CSC8674，请讲。

D：现在由于风向变化，双流本场改用 20 号跑道起降。

P：20 号跑道，收到。

示例 2：机场设备关闭。

D：CSC8733，川航签派。

P：CSC8733，请讲。

D：现在广州白云机场的 VOR 由于故障原因已经关闭了，但是 NDB 还是可用的。

P：好的，收到。

3. 飞行后的通话

示例：航班计划变更。

D：CSC8889，川航签派。

P：CSC8889，请讲。

D：CSC8889，你下面的成都—桂林航班由于机务原因，改由 B2340 飞机执行，预计延误至 0110。

P：延误到目前为止 0110?

D：是的，由于上述原因 2340 还要执行到上海的航班，预计 0020 回本场。

P：好的，收到。

三、应急保障程序下飞行签派的通话标准

1. 飞行前的通话

飞行安全未得到保障，如起飞前有旅客下机的情况下，必要时需要进行清舱，以保

证飞行安全。

示例：

P：东航签派，MU5038。

D：MU5038，东航签派请讲。

P：我飞机上有两个拿登机牌说是加机组的人员，但是他们没有其他证明，请问应该怎么处理？

D：MU5038，东航签派，我们这里没有人来办过加机组的证明。

P：好的，那我让乘务请他们下机把手续办齐。

D：那请麻烦问下空保是否需要清舱。

P：不用了，空保从他们上机起就一直监控着的。

D：好的。

2．飞行中的通话

（1）飞机备降：由于天气等原因，有本公司飞机到本场备降时，签派部门要提供服务。

示例：备降。

P：川航签派，CSC8832。

D：CSC8833，川航签派，请讲。

P：你好，由于重庆雷雨，我们现在到成都双流机场备降，预计着陆时间 1920。

D：收到，预计着陆时间 20 分，停机位 K11，落地后不要下客。

P：好的，K11，落地见。

（2）航空器发生故障：航空器在起飞或降落前发生故障，报告给签派部门时，应及时做出反应，和各个部门沟通，得出解决方案。

示例：APU 故障。

P：国航签派，CCA4101。

D：CCA4101，请讲。

P：我们的 APU 故障了。

D：请问是一套还是二套？触发警告没有？

P：一套，警告已经触发了。

D：收到了，我联系下机务。

D：CCA4101，国航签派。

P：请讲。

D：机务那边回答说是 MEL 保留故障，暂时不会对飞行安全有什么影响，只是落地后需要地面气源车。

P：好的，那麻烦你帮我通知一下相关单位。

D：好的，你接下来的着陆机场我都会帮你通知的。

四、ACARS 的使用示例

1．ACARS 报文示例

（1）OUT（推出报）：定义为飞机推出自动下传报文，以松刹车和关舱门两个事件发生的最后时刻为准。

2007-01-17 11:13:56
QU CTUUO3U
.BJSXCXA 171114
M21
FI 3U8773/AN B-6025
DT BJS CTU 171114 M68A
- OUT
DEP ZUUU，OUT 1114，FOB 8200

（2）OFF（起飞报）：定义为飞机起飞离地自动报文

2007-01-17 00:05:11
QU CTUUO3U
.BJSXCXA 170005
M22
FI 3U8706/AN B-6025
DT BJS CTU 170005 M05A
- OFF
DEP ZGSZ，OFF 1231，DES ZUUU，FOB 10500

（3）ONN（落地报）：定义为飞机着陆接地自动报文。

2007-01-17 10:50:16
QU CTUUO3U
.BJSXCXA 171051
M23
FI 3U8934/AN B-6025
DT BJS CTU 171051 M64A
- ON
DES ZUUU，ON 1032，FOB 4300

（4）INN（滑入报）：定义为飞机滑入报文，以开舱门、收刹车事件最后发生为准。

2007-01-17 10:50:23
QU CTUUO3U
.BJSXCXA 171051
M24
FI 3U8934/AN B-6025
DT BJS CTU 171051 M65A
- IN
DES ZUUU，IN 1036，FOB 4100

（5）POS（位置报）：飞机自动下发位置报文，每 30 min 下发 1 次。

2007-01-17 00:03:59
QU CTUUO3U

.BJSXCXA 170004
M14
FI 3U8706/AN B-6025
DT BJS CTU 170004 M06A
- PRESENT POSITION REPORT
DMY 16JAN07，UTC 124227，LAT N 23.230，LON E113.575，CAS 313，WD 23672，WS 69，ALT 19704，FOB 9800，ETA 2228

（6）FRE（自由报）：机组手动触发的报文

示例 1：测试报。

2007-01-24 01:55:28
QU CTUUO3U
.BJSXCXA 240156
A80
FI 3U8883/AN B-2371
DT BJS XIY 240156 M02A
- 3I01 CREW 8883/24 ZUUU/ZBAA .B-2371
DEAR SIR THIS YANG LI
CHUNG ACARS TEST
IF U RCV MEG LET ME KNOW

示例 2：故障报。

2007-01-22 03:45:28
QU CTUUO3U
.BJSXCXA 240156
A80
FI 3U8782/AN B-6257
DT BJS XIY 240156 M02A
- 3I01 CREW 8782/24 ZGSZ/ZUCK .B-6257
10200 PACK 2 OVER HEAT

2．ACARS 使用示例

ACARS 在非正常情况的处理中起到了非常重要的作用，举例说明如下：

案例 1：某航空公司执行重庆—武汉的××××航班，当飞机在重庆起飞以后，重庆空管告知武汉天气有大量雷暴云团不宜适航，已有很多飞机备降。飞行机组准备返航的同时将这一信息告知签派室，签派立即致电武汉机场相关部门，询问得知天气实况已经符合落地标准，刚有一架飞机落地，并有进一步好转的趋势。签派员通过 ACARS 系统告知机组，继续执行原飞行计划。飞机飞抵武汉机场上空时，天气情况已经远远高于公司标准。随后飞机正常降落，避免了返航带来的经济损失。此外，签派员可以记录报文的油量信息，及时获取飞机的剩油和耗油量，提高燃油计划的计算精度。以下为机组与签派员通信的 ACARS 报文。

CAPT：××××，DSP，CHONGQING ATC TELL US THAT THERE IS MUCH CB AROUND WUHAN AIRPROT，SOME AIRCRAFTS HAVE GONE TO ALTERNATE，SO WE PLAN TO ALTERNATE.

DSP：ROGER，CAPT，WE ASK WUHAN CONTROL NOW，WAIT FOR MY INFORMATION.

CAPT：OK.

DSP：CAPT，8879，WE ASKED WUHAN CONTROL JUST NOW. THEY TELL US THERE IS NO CB AROUND WUHAN NOW， AN AIRCRAFT HAS LANDED DOWN JUST NOW. SO YOU CAN GO WUHAN NOW.

CAPT：ROGER，WE WILL CONTINUAL TO WUHAN NOW，TKS.

案例 2：某航空公司执行成都—浦东的航班，当飞机在成都起飞后 1 h，进入武汉区域，机组通过 ACARS 向地面发报文。

CAPT：GOOD MORNING SI CHUAN DSP，WE HAVE ENCOUNTERED MID TURB，AND THE ATC LET US DESEND TO 8 100 m KEEPING NOW.

DSP：ROGER，WE WILL COMPUTE YOUR FUEL AGAIN USING YOUR PRESENT LEVEL.

CAPT：TKS.

签派立即通过 CFP 系统计算燃油，并选择高度 8 100 m，计算的燃油为 11 900 kg，并通过 ACARS 系统告知机组。

DSP：HELLO CAPT，WE COMPUTED YOUR FUEL USING LEVEL 8 100 m，THE RESULT IS 11 900 kg，WE THINK IT IS ENOUGH TO YOUR DEST ARPT，HOW ABOUT YOU BY “FMC”.

CAPT：IT IS THE SAME AS YOURS，SO WE WILL CONTINUE TO ZSPD，BYE!

DSP：OK，CONTINUE TO ZSPD，GOOD DAY!

飞机于 10:08 在浦东落地，飞机剩油 4.5 t，运行正常。

案例 3：某公司××××航班于 17:59 从杭州起飞，签派计算燃油 12 396 kg，备降场选择西安。

18:19 杭州站调致电签派告：“你们飞机起飞后显示后货舱门打开，现在 TOL（桐庐）导航台上空盘旋耗油，准备返场着陆，预计耗油时间 2 h”。

签派：您好，×航签派。

站调：您好，我是杭州站调，你们公司××××航班在空中显示后货舱门打开，我们已经启动应急保障程序，飞机预计耗油 2 h 后落地。

签派：你能向我们机组咨询一下他的座舱压力有没有变化？

站调：稍等。

……

站调：×航签派，我们已经咨询了你们机组，他说飞机座舱压力显示正常。

签派：好的，请转告我们机组，我们会通过 ACARS 系统和我们机组通话。谢谢，再见！

站调：请及时将你们公司的意见反馈给我们，再见。

签派立即将此信息报告公司当日值班经理，并报告机务部门，同时查阅 FCOM 手册。

1 min 后，机务部门致电签派。

机务：签派您好，根据我们飞机的维修记录表明，该飞机曾经出现过此类信息，最后都判明是虚假警告。根据你们提供的飞机压力没有变化这一信息表明，今天的信息也是假信息，我们建议机组继续飞回成都，但在空中机组有最终决定权。

签派：好的，我们会把你们的意见转告机组。

签派马上运用 ACARS 联系空中机组。

签派：GOOD EVENING CAPTAIN，WE HAVE GOT YOUR MSG: AFT CGO DOOR OPEN，AND THE MCC ADVICE YOU FLY TO ZUUU NORMALLY，PLS PAY ATTENTION TO THE PR OF CAB. AND DEPENDING YOUR LAST DECISION.

机组：ROGER，WE HAVE CHECK THE PROBLEM AND THE PR OF CAB IS NORMAL，SO WE DECIDE GOING TO ZUUU.

签派：PLS TELL ME THE HOLDING TIME AT “TOL VOR”.

机组：IT IS ABOUT 18 min.

签派：AND YOUR TOTAL FUEL AT ZSHC?

机组：IT IS 12 400 kg.

签派：WE WILL COMPUTE YOUR FUEL AGAIN，PLS WAIT A MOMENT.

机组：OK，WAITING.

此时签派立即致电杭州现场指挥中心了解该航班的实际商载为 16 700 kg，旅客 163 人，并通过 CFP 重新计算燃油，同时将第一备降场更改为重庆。计算结果为 11 260 kg。根据 A320 飞机保守耗油 3 t/h 计算，飞机等待 20 min（前面已经等待 18 min，2 min 为决策时间）消耗燃油为约 1 t，将备降场更改为重庆后比实际加油少 1 140 kg > 1 000 kg，因此判定机组飞回成都燃油充足，条件是将备降机场更改为重庆。

签派：CAPTAIN，WE HAVE COMPUTED YOUR FUEL AGAIN，YOU MUST CHOOSE YOUR ALT ARPT AS ZUCK，SO YOU CAN FLY TO ZUUU WITH ENOUGH FUEL.

机组：YES，IT IS THE SAME AS WE COMPUTED BY FMC，WE DECIDE GOING TO ZUUU NOW.

签派：OK，I WANT TO REMINDING YOU AGAIN TO PAY ATTENTION TO THE PR ENROUTE，IF ANYTHING UBNORMAL HAPPEN，PLS TELL US BY ACARS. GOOD DAY!

机组：ROGER，GOOD DAY!

签派致电杭州站调机组继续回飞，判定飞机为假信号。

19:19，签派再次对飞行中的 8912 航班进行监控，并通过 ACARS 询问机组：

签派：HELLO CAPTAIN，HOW ABOUT YOUR PR NOW?

机组：OUR LEVEL IS 7 800 m，AND THE CAB ALT IS 3 900 ft，AND ETA ZUUU 2030.

签派：IT IS NORMALY.

1940 机组通过 ACARS 告知签派：

机组：SICHUAN DSP，WE CRUISE AT LOW LEVEL，BECAUSE WE AFRAID OF EMERGENT DESENDING IN CAUSE OF AFT CGO DOOR OPENING. WE MAY ALT TO ZUCK DUE TO LESS OF ALT FUEL，SO WE CAN NOT FLY TO ZUUU.

签派：ROGER，PLS WAITING.

签派再次根据飞机位置进行燃油评估，同时将备降机场选择为绵阳，发现比选择重庆的备降油少近 800 kg，同时告知机组。

签派：CAPTAIN，IF WE CHANGE THE ALT ARPT ZUCK TO ZUMY，HOW ABOUT YOUR FUEL FLYING AT 7 800 m?

机组：WE COMPUTE THE FUEL IS ENOUGH IF CHOOSE ZUMY AS ALT ARPT，TKS FOR REMINDING！HOW ABOUT THE WX AT ZUMY NOW?

签派：THE WX AT ZUMY: METAR ZUMY 081100Z 03003MPS 4400 BR SCT050 OVC070 09/04 Q1020NOSIG=

机组：WE CAN FLY TO ZUUU IF WE CHOOSE THE ALT ARPT AS ZUMY.

签派：ROGER，CONTINUE FLYING TO ZUUU.

机组：YES CONTINUE.SEE YOU LANDING.

签派：SEE YOU LANDING.

20:10，机组在落地前用 VHF 联系签派。

机组：×航签派晚上好，×航××××预计落地时间 2025。

签派：晚上好，2025 收到，停机位在 K87（该机位为公司飞机维修位置），您现在空中后货舱是否还显示在打开位置？座舱压力是否正常？

机组：飞机 ECAM 警告还是没有消除，但整个飞行过程座舱压力都在正常范围以内，根据手册判断该信息为假信息。

签派：好的，我们将把该信息再次通报机务部门。根据您现在飞机的剩余燃油将备降机场选择为绵阳足够吗？

机组：我现在正在进近，飞机上剩油 4 500 kg，选择绵阳为备降机场的话我的燃油是足够的，但选择重庆就不符合规章了。

签派：现在成都机场天气在标准之上，机场起降正常，我们将协调空管部门尽量让您优先着陆。

机组：好的谢谢，我们也将申请直飞五凤溪走廊口，落地见。

签派：再见。

20:20 飞机在成都安全落地，飞机余油 3 600 kg。机组落地后向签派递交机组汇报单，签派整理后将整个事件经过书面报告公司安运部。

复习思考题

1. 什么是运行监控？
2. 简述国内、国际定期载客运行飞行监控的要求。
3. 运行监控的要素包括哪几个方面？

4. 飞机起飞后，机长监控到机上燃油量不能满足正常的飞行油耗时应该如何处置？
5. 什么时候应宣布最低油量？
6. 简述飞行期间飞行监控的程序。
7. 用于飞行监控的地空通信设施有哪些？
8. 什么是 ACARS?
9. 什么是 SELCAL?
10. 在需要立即决断和处置的紧急情况下，机长可以怎么做？

参考文献

[1] Fredrickson B, The role of positive emotions in positive psychology: the broaden-and-build theory of positive emotion [M], 2001.

[2] ICAO, Performance-Based Navigation Manual [Z], 2008.

[3] JEX S M, BLIESE P D, BUZZELL S. The impact of self-efficacy on stressor-strain relations: coping style as an exploratory mechanism [J], 2001.

[4] CCAR-25-R4, 运输类飞机适航标准[Z]. 北京: 中国民用航空局, 2016.

[5] CCAR-61-R5, 民用航空器驾驶员合格审定规则[Z]. 北京: 中国民用航空局, 2018.

[6] CCAR-67-R4, 民用航空人员体检合格证管理规则[Z]. 北京: 中国民用航空局, 2018.

[7] CCAR-91-R3, 一般运行和飞行规则[Z]. 北京: 中国民用航空局, 2018.

[8] CCAR-93-R5, 中国民用航空空中交通管理规则[Z]. 北京: 中国民用航空局, 2017.

[9] CCAR-97FS-R3, 航空器机场运行最低标准的制定与实施规定[Z]. 北京: 中国民用航空局, 2016.

[10] CCAR-121-R7, 大型飞机公共航空运输承运人运行合格审定规则[Z]. 北京: 中国民用航空局, 2021.

[11] 罗凤娥, 张成伟, 张海荣. 签派程序与方法[M]. 成都: 西南交通大学出版社, 2020.

[12] 罗凤娥. 签派实践应用[M]. 成都: 西南交通大学出版社, 2012.

[13] 徐宝钢, 黄建伟. 飞行运行管理[M]. 北京: 清华大学出版社, 2011.

[14] 孙樊荣, 张敏. 航空公司运行控制方法[M]. 北京: 科学出版社, 2010.

[15] 朱志愚, 等. 航空气象[M]. 成都: 西南交通大学出版社, 2004.

附录 A 国内航班放行资料示例

1. 成都—上海虹桥

签派放行单：

```
FTPRLS31127701                          PLAN ID31127701

CCA 4515  /01MAR21  SCHEDULE CTU  2350Z - SHA  0230Z
                    ETD      CTU  2350Z - SHA  0230Z
AIRCRAFT DATA
REG B305H /MPAK    ENGTYPE PW1133G
AIRCRAFT PERFORMANCE ALL STRUCTURE LIMITED WEIGHTS IN KGS:
MTAXIW 093900  MTOW 093500  MLDW 079200  MZFW 075600  OEW 052149
TAXIWT  81624  BRWT  81524  LDGWT 76243  ZFWT  71201  PLD  19052

ALTERNATE 1-ZSOF    ALTERNATE 2-        TAKEOFF ALTERNATE-

FUEL SUMMARY
BURN           5281
BACKUP         5042
TAXI/APU        100
TOTAL         10423

TIME SUMMARY
CTU/ZUUU - SHA/ZSSS  01.59


FILED ATS PLAN
(FPL-CCA4515-IS
-A21N/M-SDE3FGHIRWYZ/EB1
-ZUUU2350
-K0855S0890 OGOMO H143 GAO B213 WHA R343 PK
-ZSSS0159 ZSOF
-PBN/A1B1C1D1L1O2S2 NAV/ABAS DOF/210301 REG/B305H
 EET/ZHWH0043 ZSHA0120
 SEL/MPAK CODE/7815C3
 RMK/ACAS II)

-----------------------DISPATCH NOTES TO CREW-----------------------

RECEIVED THE NOTIFICATION OF FLIGHT CANCELLATION OR REPLACEMENT OF
OTHER AIRCRAFT,PLEASE INFORM AOC THE REMAINING FUEL OF THE AIRCRAFT
WHEN THE FLIGHT HAS BEEN REFUELED.TEL:010-64537306

-----------------------END OF DISPATCH NOTES-----------------------
I HEREBY ACCEPT THE DISPATCH RELEASE AND ACCESSARY
INCLUDING OPERATIONAL FLIGHT PLAN, WX AND NOTAM INFO.

DISPATCHER - LI ZHENGZHANG                  028-85703126
RELEASE CALL CENTER: 400-602-7666

CAPTAIN    -                                   (SIGN HERE)

--------------------------------------------------------------------
CA        /ILS II        CAPTAIN
```

计算机飞行计划：

```
FTPCFP 31127701
XXXXXXXXXXXXXXXXXXXXXXXXXXXXXXXXXXXXXXXXXXXXXXXXXXXXXXXXXXXXXXXXXXXXX
               AIR CHINA DISPATCH MANAGER FLIGHT PLAN
XXXXXXXXXXXXXXXXXXXXXXXXXXXXXXXXXXXXXXXXXXXXXXXXXXXXXXXXXXXXXXXXXXXXX

ACFTTYPE   A321-271    PW1133G
TAXI OUT   100
---------------------------------------------------------------------
PERFORMANCE SUMMARY
CLIMB-X300M78     CRUISE-X2ECI35    DESCENT-XM78 300
IDLE/PERF 0.60/0.60
---------------------------------------------------------------------

AIRCRAFT PERFORMANCE ALL STRUCTURE LIMITED WEIGHTS IN KGS:
MTAXIW 093900  MTOW 093500  MLDW 079200  MZFW 075600  OEW 052149
TAXIWT  81624  BRWT  81524  LDGWT 76243  ZFWT  71201  PLD  19052

NAV DATA ---FEB25MAR25/21
FMS ROUTE - CTU  SHA/001
ZUUU OG09W OGOMO H143 GAO B213 WHA R343 PK DCT ZSSS

FLT RELEASE   CCA 4515    ZUUU/ZSSS   01MAR21

              FUEL  TIME  CORR   BRWT     LDGWT     ZFWT    REGN
DEST ZSSS     5281 01.59  ....   81524    76243     71201   B305H
CONT   5 %     600 00.14  ....  (MIN CONT        600)
DEST HOLD        0 00.00  ....   AVG W/C  P063    ISA DEV P013
ALTERNATE     2241 00.51  ....   ZSOF FL 301   268   452  W/C M56
FNL RESERVE   1000 00.30  ....
REQD          9122 03.34  ....
EXTRA ALT      331 00.10
EXTRA DST      870 00.20(CPT    0 DSP    0 FOD    0 MAN  870)
TAXI OUT       100
TOTAL        10423 04.04


      FLT 4515 /01MAR21 - PLAN ID  31127701  - PAGE  1 OF   7
```

```
XXXXXXXXXXXXXXXXXXXXXXXX   NAVIGATION LOG   XXXXXXXXXXXXXXXXXXXXXXXXX
POINT  FIR
POSITION LAT       LONG     T/C M/C TAS AIRWAY TMP     ZND  ZNT   FUEL
FREQY    FL  WIND           T/H      GS MAC SR TRP     DIST TIME  REM
----------------------------------------------------------------------
ZPKM
ZUUU  N30 34.7 E103 56.8        DEPARTURE MANEUVERING  TAXIFUEL 100
                                                       TKOFFUEL 10323

UU402 N30 40.4 E103 59.5 022 024 174 OG09W  M030      6  00.02 264
         CLB  163002      24     175         6 53      6  00.02 10159

UU403 N30 45.2 E104 08.1 057 058 273 OG09W  M030      9  00.02 415
         CLB  163003      59     274         6 53     15  00.04 10008

UU410 N30 47.8 E104 27.4 081 082 336 OG09W  M030     17  00.03 649
         CLB  190007      84     339         6 53     32  00.07 9774

OGOMO N30 51.1 E105 00.3 083 085 394 OG09W  M030     29  00.04 970
         CLB  259024      85     418         6 53     60  00.11 9453

ESPEG N30 58.1 E106 00.5 082 084 440 H143   M031     52  00.07 1480
         CLB  281043      82     481         6 53    112  00.18 8943

GAO   N30 48.7 E106 11.4 135 137 458 H143   M030     13  00.01 1603
117.4    CLB  268060     143     496         6 53    125  00.19 8820

TOPC  N30 46.6 E106 13.7 137 139 461 B213   M030      3  00.00 1631
         291  266066     145     500         6 53    128  00.19 8792

ANSAR N30 39.4 E106 21.4 137 139 461 B213   M030     10  00.02 1685
         291  266066     145     499 76      6 53    138  00.21 8738

TOROD N30 17.2 E106 45.3 137 139 462 B213   M029     30  00.03 1845
         291  264068     146     500 76      6 53    168  00.24 8578

DS    N30 12.1 E106 50.9 136 139 462 B213   M029      7  00.01 1882
250.0    291  263070     146     501 76      7 53    175  00.25 8541

FLG   N29 41.9 E107 22.6 138 140 463 B213   M028     41  00.05 2102
114.0    291  262072     147     500 76      7 53    216  00.30 8321

P550  N29 45.3 E107 35.5 073 075 463 B213   M028     12  00.01 2161
         291  262074      74     536 76      6 53    228  00.31 8262

BONBO N29 47.2 E107 42.6 073 075 463 B213   M028      6  00.01 2191
         291  262074      74     536 76      6 53    234  00.32 8232

P494  N29 53.6 E108 06.3 073 075 463 B213   M028     22  00.02 2301
         291  262074      74     536 76      6 53    256  00.34 8122

SAKPU N30 02.1 E108 38.8 073 075 463 B213   M028     29  00.04 2445
         291  261075      74     537 76      7 53    285  00.38 7978

      FLT 4515 /01MAR21 - PLAN ID  31127701  - PAGE  2 OF   7
```

```
XXXXXXXXXXXXXXXXXXXXXXXXX   NAVIGATION LOG   XXXXXXXXXXXXXXXXXXXXXXXXX
POINT  FIR
POSITION LAT      LONG     T/C M/C TAS AIRWAY TMP     ZND  ZNT   FUEL
FREQY    FL  WIND          T/H      GS MAC SR TRP     DIST TIME  REM
------------------------------------------------------------------------
ZHWH  WUHAN                    CHINA
LOTMO N30 14.9 E109 26.1 073 075 462 B213   M029     43  00.05 2658
          291  261076     74      537 76   8 53     328  00.43 7765

ENH   N30 17.6 E109 36.0 073 075 462 B213   M029      9  00.01 2703
114.7     291  261077     74      538 76   7 53     337  00.44 7720

YIH   N30 33.7 E111 28.7 081 084 461 B213   M030     98  00.10 3183
116.9     291  261079     84      540 76   7 53     435  00.54 7240

WTM   N30 38.4 E113 08.5 087 090 461 B213   M030     86  00.10 3600
108.8     291  263083     91      544 76   7 53     521  01.04 6823

WHA   N30 47.0 E114 12.3 081 085 460 B213   M030     56  00.06 3869
112.2     291  263087     85      547 76   7 53     577  01.10 6554

SAGUD N30 51.9 E114 27.6 069 074 460 R343   M030     14  00.02 3936
          291  263088     71      545 76   7 53     591  01.12 6487

BIVIP N31 07.7 E115 16.8 070 074 459 R343   M031     45  00.04 4152
          291  263090     71      546 76   7 53     636  01.16 6271
ZSHA  SHANGHAI                 CHINA
MIDOX N31 19.3 E115 52.9 069 074 459 R343   M031     33  00.04 4310
          291  264091     71      547 76   8 53     669  01.20 6113

P344  N31 34.5 E116 40.0 069 074 459 R343   M031     43  00.05 4515
          291  264092     71      547 76   8 53     712  01.25 5908

UXALO N31 41.1 E117 00.5 069 074 458 R343   M031     19  00.02 4605
          291  265093     71      548 76   8 53     731  01.27 5818

HFE   N31 46.6 E117 18.0 070 074 458 R343   M032     16  00.02 4681
116.7     291  265094     71      549 76   8 53     747  01.29 5742

MADUK N31 43.1 E118 06.3 095 100 458 R343   M031     41  00.04 4874
          291  265096    102      552 76   8 53     788  01.33 5549

UPLEL N31 39.3 E118 59.3 095 100 458 R343   M031     45  00.05 5084
          291  265098    102      555 76   8 53     833  01.38 5339

OLRIS N31 39.0 E119 02.4 096 100 459 R343   M031      3  00.00 5098
          291  265100    102      556 76   8 53     836  01.38 5325

LUPVI N31 38.7 E119 08.6 093 098 459 R343   M031      5  00.01 5121
          291  265100    100      557 76   8 53     841  01.39 5302

P282  N31 38.1 E119 22.0 093 098 459 R343   M031     11  00.01 5173
          291  265100    100      558 76   8 53     852  01.40 5250

      FLT 4515 /01MAR21 - PLAN ID  31127701  - PAGE  3 OF   7
```

```
XXXXXXXXXXXXXXXXXXXXXXXX   NAVIGATION LOG   XXXXXXXXXXXXXXXXXXXXXXXXX
POINT  FIR
POSITION LAT      LONG     T/C M/C TAS AIRWAY TMP     ZND  ZNT   FUEL
FREQY    FL  WIND          T/H      GS MAC SR TRP     DIST TIME  REM
---------------------------------------------------------------------

TOD    N31 38.1 E119 23.2 090 098 459 R343   M031      1  00.00 5177
         291  265100       99     559 76   7 53      853  01.40 5246

ATLIX N31 38.1 E119 23.0 090 098 311 R343   M031      0  00.01 5177
         DES  265101      100     411      7 53      853  01.41 5246

ESBAG N31 37.2 E119 40.4 093 098 311 R343   M031     15  00.02 5202
         DES  267094      100     404      7 53      868  01.43 5221

SASAN N31 35.4 E120 19.2 093 098 311 R343   M030     33  00.05 5258
         DES  284075       95     385      7 53      901  01.48 5165

EKIMU N31 21.1 E121 06.6 109 115 311 R343   M030     43  00.08 5345
         DES  307020      114     329      7 53      944  01.56 5078

PK     N31 17.1 E121 19.9 109 115 311 R343   M030     12  00.02 5370
208.0    DES  016021      111     311      7 53      956  01.58 5053

ZSSS  N31 11.9 E121 20.2 177 183 311 DCT    M030      5  00.01 5381
              024007      183     317      7 00      961  01.59 5042


GREAT CIRCLE DISTANCE   898 N.M.  AIR DISTANCE   839   ZUUU TO ZSSS
FLT PLAN BASED ON 0112Z/ PROGS

      FLT 4515 /01MAR21 - PLAN ID  31127701  - PAGE  4 OF   7
```

```
FIRST ALTERNATE
---------------
                    /////  NAVIGATION LOG - ZSOF  /////

POSITION LAT       LONG    T/C M/C TAS  AIRWAY TMP   ZND  ZNT      FUEL
FREQY    FL  WIND          T/H      GS  MAC SR TRP   DIST TIME     REM
-----------------------------------------------------------------------------
      ZSSS      DIVERSION TIME . . . DIV REASON . . . . . . . . . . . . .
      N31 11.9
      E121 20.2                      DIV FUEL ON BOARD . . . . . . . . .
-----------------------------------------------------------------------------

POMOK N31 27.0 E121 07.0 323 329 240 DCT     M031     19  00.05 398
         CLB  003024     333     221       6 53       19  00.05 4643

XIREM N31 44.7 E120 57.5 335 341 366 G330    M031     19  00.03 655
         CLB  297025     339     346       6 53       38  00.08 4386

PIKAS N32 10.0 E120 44.0 336 341 407 G330    M032     28  00.05 1011
         CLB  282059     334     369       6 53       66  00.13 4030

UNTAN N32 12.2 E120 17.1 275 281 435 G330    M032     23  00.04 1316
         CLB  279083     282     353       7 53       89  00.17 3725

TOPC  N32 06.1 E120 03.9 242 247 468 G345    M032     13  00.02 1475
         301  264105     252     376       7 53      102  00.19 3566

ZJ    N31 56.4 E119 42.7 242 247 452 G345    M032     20  00.03 1616
217.0    301  264105     252     353 75    7 53      122  00.22 3425

PIMUS N31 48.3 E119 23.5 244 248 451 G345    M032     18  00.03 1742
         301  263105     252     351 75    7 53      140  00.25 3299

OBLAP N31 40.8 E119 06.5 243 248 451 G345    M032     16  00.03 1853
         301  263105     253     351 74    7 53      156  00.28 3188

OLRIS N31 39.0 E119 02.4 243 248 451 G345    M032      4  00.01 1881
         301  263105     253     351 74    7 53      160  00.29 3160

UPLEL N31 39.3 E118 59.3 276 280 451 R343    M032      3  00.00 1902
         301  263105     277     348 74    7 53      163  00.29 3139

TOD   N31 41.0 E118 36.8 275 280 451 R343    M033     19  00.04 2038
         301  263105     277     348 74    7 53      182  00.33 3003

MADUK N31 43.1 E118 06.3 275 280 312 R343    M033     26  00.06 2112
         DES  272083     279     228       7 53      208  00.39 2929

ZSOF  N31 59.3 E116 58.6 286 291 312 DCT     M033     60  00.12 2241
              335010     293     305       8 00      268  00.51 2800
-- -- -- -- -- -- -- -- -- -- -- -- -- -- -- -- -- -- -- -- -- -- -- --
ATIS - ZSOF INFO . . . . .

RWY . . . WIND . .  / . . VIS . . . TEMP . . . QNH . . . . TL . . .

-- -- -- -- -- -- -- -- -- -- -- -- -- -- -- -- -- -- -- -- -- -- -- --

     FLT 4515 /01MAR21 - PLAN ID  31127701  - PAGE  5 OF   7
```

-- -- START OF WIND AND TEMPERATURE SUMMARY ZUUU TO ZSSS -- --

TOC	MORA/MEA /	FL246	274/39 M23	FL266	266/50 M27	FL311	265/78 M32
ANSAR	MORA/MEA 9700/4672	FL246	274/39 M23	FL266	266/49 M27	FL311	265/78 M32
TOROD	MORA/MEA 9400/7268	FL246	273/41 M23	FL266	265/54 M26	FL311	264/79 M32
DS	MORA/MEA 9700/7268	FL246	272/41 M22	FL266	265/55 M26	FL311	263/80 M32
FLG	MORA/MEA 9700/7560	FL246	268/46 M21	FL266	264/61 M24	FL311	263/81 M31
P550	MORA/MEA 9400/8245	FL246	268/45 M21	FL266	264/61 M25	FL311	262/82 M31
BONBO	MORA/MEA 10000/8245	FL246	268/45 M21	FL266	264/61 M25	FL311	262/82 M31
P494	MORA/MEA 9400/8291	FL246	268/43 M22	FL266	263/60 M25	FL311	262/83 M31
SAKPU	MORA/MEA 12500/8291	FL246	268/41 M23	FL266	262/59 M25	FL311	262/84 M31
LOTMO	MORA/MEA 12200/8934	FL246	269/45 M23	FL266	262/60 M26	FL311	261/86 M32
ENH	MORA/MEA 12500/8934	FL246	269/46 M23	FL266	262/60 M26	FL311	261/86 M32
YIH	MORA/MEA 12500/9581	FL246	268/51 M24	FL266	264/63 M26	FL311	262/91 M32
WTM	MORA/MEA 7500/4266	FL246	269/55 M24	FL266	265/68 M27	FL311	263/96 M33
WHA	MORA/MEA 8800/3130	FL246	270/57 M25	FL266	265/71 M27	FL311	263/98 M33
SAGUD	MORA/MEA 8800/3938	FL246	271/58 M25	FL266	266/71 M27	FL311	263/99 M33
BIVIP	MORA/MEA 7900/5762	FL246	275/60 M25	FL266	268/72 M28	FL311	263/101 M33
MIDOX	MORA/MEA 8800/7382	FL246	277/62 M26	FL266	269/73 M28	FL311	263/103 M33
P344	MORA/MEA 8800/7382	FL246	280/67 M26	FL266	271/77 M29	FL311	263/104 M33
UXALO	MORA/MEA 8200/3383	FL246	281/69 M26	FL266	272/78 M29	FL311	263/105 M34
HFE	MORA/MEA 8800/3383	FL246	282/72 M27	FL266	273/80 M29	FL311	263/105 M34
MADUK	MORA/MEA 8800/3544	FL246	283/73 M26	FL266	272/82 M29	FL311	264/107 M33
UPLEL	MORA/MEA 8200/3475	FL246	282/75 M26	FL266	271/85 M28	FL311	264/109 M33
OLRIS	MORA/MEA 8200/3475	FL246	282/76 M26	FL266	271/85 M28	FL311	264/109 M33
LUPVI	MORA/MEA 8800/3475	FL246	282/76 M26	FL266	271/85 M28	FL311	264/109 M33

FLT 4515 /01MAR21 - PLAN ID 31127701 - PAGE 6 OF 7

```
P282      MORA/MEA     FL246  281/76   FL266  271/86   FL311  264/109
          8800/3472           M26             M28             M33
TOD       MORA/MEA     FL246  281/77   FL266  270/86   FL311  264/109
             /                M26             M28             M33

-- -- -- END OF WIND AND TEMPERATURE SUMMARY   ZUUU TO ZSSS    -- --


-- --  START OF WIND AND TEMPERATURE SUMMARY   ZSSS TO ZSOF    -- --

TOC       MORA/MEA     FL256  277/84   FL276  269/94   FL321  265/114
             /                M28             M30             M34
ZJ        MORA/MEA     FL256  277/84   FL276  269/94   FL321  265/114
          7200/2461           M28             M30             M34
PIMUS     MORA/MEA     FL256  276/82   FL276  268/93   FL321  264/114
          8800/3472           M28             M30             M34
OBLAP     MORA/MEA     FL256  276/80   FL276  268/91   FL321  264/113
          8200/3472           M28             M30             M34
OLRIS     MORA/MEA     FL256  276/80   FL276  268/91   FL321  264/112
          8200/3472           M28             M30             M34
UPLEL     MORA/MEA     FL256  276/80   FL276  268/91   FL321  264/112
          8800/3475           M28             M30             M34
TOD       MORA/MEA     FL256  276/76   FL276  268/87   FL321  264/111
             /                M28             M30             M35

-- -- -- END OF WIND AND TEMPERATURE SUMMARY   ZSSS TO ZSOF    -- --


-- -- -- -- -- -- -- -- -- -- -- -- -- -- -- -- -- -- -- -- -- -- -- --
ALTERNATE AIRPORTS SUMMARY
          FMSDIVRTE   FL    WC    ETI      ZFW    TRIP  RQDFOB    NM

ALT1
HFE/ZSOF  SHAHFE/Z01  301  M056  00.51   71201    2241    9553   268
ZSSS DCT POMOK G330 UNTAN G345 OLRIS R343 MADUK DCT ZSOF


-- -- -- -- -- -- -- -- -- -- -- -- -- -- -- -- -- -- -- -- -- -- -- --
START OF ICAO FLIGHT PLAN

(FPL-CCA4515-IS
-A21N/M-SDE3FGHIRWYZ/EB1
-ZUUU2350
-K0855S0890 OGOMO H143 GAO B213 WHA R343 PK
-ZSSS0159 ZSOF
-PBN/A1B1C1D1L1O2S2 NAV/ABAS DOF/210301 REG/B305H
 EET/ZHWH0043 ZSHA0120
 SEL/MPAK CODE/7815C3
 RMK/ACAS II)

END OF ICAO FLIGHT PLAN

-- -- -- -- -- -- -- -- -- -- -- -- -- -- -- -- -- -- -- -- -- -- -- --

      FLT 4515 /01MAR21 - PLAN ID  31127701  - PAGE  7 OF   7
```

```
BRIEFING GENERATED  01MAR21 1948 UTC
PILOT WX BRIEFING                 FLT 4515  CTU-SHA
CTU  SP          NIL

METAR ZUUU 011900Z 00000MPS CAVOK 10/06 Q1026 NOSIG

CTU  FC          NIL

ZUUU 011501Z 0118/0218 02003MPS 6000 SCT050 TX16/0207Z TN08/0122Z

SHA  SP          NIL

METAR ZSSS 011930Z 34008MPS 9999 BKN013 OVC040 05/03 Q1026 NOSIG

SHA  FC          NIL

ZSSS 011511Z 0118/0218 35008G14MPS 6000 BKN011 OVC040 TX12/0206Z
TN04/0121Z BECMG 0201/0202 02004MPS BKN015

HFE  SP          NIL

METAR ZSOF 011900Z 33004MPS 5000 BR BKN016 04/02 Q1029 NOSIG

HFE  FC          NIL

ZSOF 011502Z 0118/0218 35003MPS 3000 BR SCT020 TX11/0207Z TN00/0123Z

ZSPD SP          NIL

METAR ZSPD 011930Z 33008MPS 9999 BKN009 OVC033 05/03 Q1025 NOSIG

ZSPD FC          NIL

PAGE  01 01MAR21

PILOT WX BRIEFING                 FLT 4515  CTU-SHA
ZSPD 011510Z 0118/0218 35008G15MPS 6000 BKN011 OVC040 TX12/0206Z
TN04/0121Z BECMG 0207/0209 03004MPS BKN015

ZSHC SP          NIL

METAR ZSHC 011930Z 35006MPS 9999 BKN017 07/05 Q1026 NOSIG

ZSHC FC          NIL

ZSHC 011500Z 0118/0218 34005G10MPS 5000 BR SCT020 TX12/0206Z
TN06/0121Z BECMG 0205/0206 04004MPS

ZSWZ SP          NIL

METAR ZSWZ 011900Z 02005MPS 9999 -RA FEW013 SCT033 13/09 Q1021 NOSIG

ZSWZ FC          NIL

ZSWZ 011502Z 0118/0218 07004MPS 6000 FEW010 TX18/0206Z TN10/0120Z

ZSLG SP          NIL

METAR ZSLG 011900Z 35002MPS 320V020 CAVOK M02/M07 Q1029 NOSIG

ZSLG FC          NIL

ZSLG 011514Z 0118/0218 34003MPS 3100 BR NSC TX08/0206Z TNM03/0121Z

ZSFZ SP          NIL
```

METAR ZSFZ 011900Z 03010MPS 9000 -RA BKN011 OVC023 14/12 Q1020 NOSIG

PAGE 02 01MAR21

PILOT WX BRIEFING   FLT 4515 CTU-SHA
ZSFZ FC   NIL

ZSFZ 011514Z 0118/0218 03008G13MPS 3200 BR BKN015 TX15/0118Z
TN10/0218Z TEMPO 0118/0124 2000 SHRA BKN009 FEW030CB

PAGE 03 01MAR21
END BRIEFING

2. 航行通告

NOTAM LIST

航线名称：成都/双流-上海/虹桥(ZUUUZSSS001)
机场：ZUUU ZSSS ZSOF ZUCK ZHHH
情报区：ZPKM ZHWH ZSHA
有效时段：机场 当前有效，情报区 2021/01/01 03:55:02—2021/03/03 03:55:02(北京时)
Notice：除特殊说明外，国内C类通告、公司通告（CA类、DB类）、大队安全提示为北京时间；港澳台及国际类通告为UTC时间。

ZUUU/成都/双流/CTU

跑道关闭

(020200MAR21 — 020600MAR21) C 0861/21
RWY02L/20R 关闭，因维护。 ZUUU

(030200MAR21 — 050600MAR21) C 0808/21
0200-0600 ON 3 AND 5
RWY 02R/20L 关闭，因维护。 ZUUU

导航设施不工作(非ILS)

(012359MAR21 — 312359MAR21) C 0822/21
五凤溪VOR/DME 'WFX' 117.1MHZ/CH118X 不提供使用，因设备更新。 ZUUU

(012359MAR21 — 312359MAR21) C 0821/21
资阳VOR/DME 'ZYG' 112.1MHZ/CH58X 不提供使用，因迁建更新。 ZUUU

(261635FEB21 — 312359MAR21) C 0820/21
五凤溪NDB 'FR' 312KHZ 不提供使用。 ZUUU

滑行道关闭

(020200MAR21 — 020600MAR21) C 0864/21
关闭以下滑行道，因维护： ZUUU
1.B7 、B8 、B9 滑行道。
2.B6 滑行道与B10 滑行道之间的B 滑 行道。

(020200MAR21 — 020600MAR21) C 0862/21
关闭以下滑行道，因维护： ZUUU
1.A 滑行道与RWY02L/20R 之间的A1 、A2 、A8 滑行道。
2.A3 、A4 、A5 、A6 滑行道。

(030200MAR21 — 030600MAR21) C 0812/21
关闭以下滑行道，因维护： ZUUU
1.B 滑行道与C 滑行道之间的B3 滑 行道。
2.C4 滑行道与C6 滑行道之间的C 滑行道。

3.C5 、T6 、T7 滑行道.

(030200MAR21 — 050600MAR21) C 0809/21
0200-0600 ON 3 AND 5
关闭以下滑行道，因维护: ZUUU
1.D1 、D2 、D3 、D4 、D5 、E1 、E2 、E3 、
E4 、E5 、E6 、E7 、E8 、M 滑行道.
2.E9 滑行道以南的D 、E 、N 滑行道.
3.RWY02R/20L 与E 滑行道之间的E9 滑行 道.
4.C1 滑行道以南的B 滑行道.
5.B 滑行道与C 滑行道之间的N 滑 行道.
6.M 滑行道与N 滑行道之间的E9 滑 行道.
7.M 滑行道与N 滑行道之间的C 滑 行道.

机场限制

(030200MAR21 — 050600MAR21) C 0810/21
0200-0600 ON 3 AND 5
本场不允许A380 运行. ZUUU

(231742DEC20 — 261759MAR21) C 6151/20
本场不接受公务机过夜停放，基地公司公务机和特殊情况除外. ZUUU

其它类

(020100MAR21 — 070600MAR21) C 0855/21
0100-0600 ON 2 AND 7
以下滑行道边灯不提供使用: ZUUU
1 、B6 滑行道北侧滑行道边灯不提供使用;
2 、B10 滑行道南侧滑行道边灯不 提供使用;
3 、B6 滑行道（含）至 B10 滑行道 （含）之间的 C 滑行道西侧
滑行道边灯不提供使用.

(011447MAR21 — 312359MAR21) C 0853/21
参阅国内航空资料汇编成都/双流机场航图手册ZUUU-3D（EFF2019-11-7）: ZUUU
RWY20R 标准仪表离场图中NOBIK-11D 、OGO-11D 不可用.

(011445MAR21 — 312359MAR21) C 0852/21
参阅国内航空资料汇编成都/双流机场航图手册ZUUU-3B（EFF2019-11-7）: ZUUU
RWY02R 标准仪表离场图中ZYG-21D 不可用.

(011444MAR21 — 312359MAR21) C 0851/21
参阅国内航空资料汇编成都/双流机场航图手册ZUUU-3A（EFF2019-11-7）: ZUUU
RWY02L 标准仪表离场图中ZYG-01D不可用.

(011443MAR21 — 312359MAR21) C 0850/21
参阅国内航空资料汇编成都/ 双流机场航图手册ZUUU-3C（EFF2019-11-7）: ZUUU
RWY20L 标准仪表离场图中NOBIK-31D 、OGO-31D 不可用.

(011438MAR21 — 312359MAR21) C 0849/21
参阅国内航空资料汇编成都/双流机场航图手册ZUUU-4A（EFF2019-11-7）: ZUUU
RWY02L/02R 标准仪表进场图中五凤溪等待程序不可用.

(011437MAR21 — 312359MAR21) C 0848/21
参阅国内航空资料汇编成都/双流机场航图手册ZUUU-4A（EFF2019-11-7）: ZUUU
RWY02L/02R 标准仪表进场图中PAN-01A 、TEB-01A 不可用.

(301206DEC20 — PERM) C 6391/20
金堂VOR/DME 'JTG' 115.4MHZ/CH101X 新增限制性使用: ZUUU
1. 全向信标170 度径向线顺时针至 205 度径向线之间不可用.
2. 全向信标056 度径向线距台12 海里以外不可用.
3. 全向信标186 度径向线距台20 海 里以外不可用.
4. 测距仪186 度径向线距台25 海里 以外不可用.

(010000JAN21 — 312359MAR21) C 6241/20
本场鸟群活动, 飞行高度0-500 米. ZUUU

(250600NOV20 — PERM) C 5707/20
双流VOR/DME 'CTU' 115.7MHZ/CH104X,DME 发射天线标高更改为505 米, ZUUU
因设备更新.

ZSSS/上海/虹桥/SHA

跑道关闭

(030100MAR21 — 310600MAR21) C 1016/21
0100-0600 03-10 AND 21-31
RWY 18L/36R 关闭(允许从H1,H7 滑行道穿越RWY 18L/36R). ZSSS

(020100MAR21 — 020600MAR21) C 1015/21
RWY 18L/36R 关闭. ZSSS

灯光设施限制

(200500NOV20 — PERM) C 6525/20
RWY18R PALS CAT I 长度由900 米更改为840 米. ZSSS

滑行道关闭

(020100MAR21 — 020500MAR21) C 1017/21
关闭下列滑行道或滑行线: ZSSS
1. H5 滑行道至D16 滑行道之间的D 滑 行道;
2. C 滑行道至RWY 18R/36L 之间的H1 滑行 道;
3. D 滑行道至RWY 18R/36L 之间的H7 滑行 道;

(010100MAR21 — 310600MAR21) C 0896/21
0100-0600 01-10 AND 21-31
关闭下列滑行道或滑行线: ZSSS
1. A1,A2,A3,A4,B1,B2,B3,B4,B5,B6,B7,B8,T1,T6,K2,K4,K5,K6,K7 滑行道;
2. RWY 18R/36L 至B 滑行道之间的H2,H3,H5,H6 滑行道;
3. K1 滑行道至H7 滑行道之间的A 滑行道;
4. H1 滑行道至H7 滑行道之间的B 滑行道;
5. RWY 18R/36L 至L01 滑行线之间的H4 滑行道;

机场运行标准变更

(200500NOV20 — PERM) C 6526/20
RWY18R LNAV/VNAV 进近运行最低标准, ZSSS
A 、B 类航空器VIS 由1,000 米更改为1,100 米.

(111245NOV20 — 312359MAR21) C 6416/20
RWY 36R ILS HUD 特殊批准II类运行不提供使用. ZSSS

机场限制

(040857DEC20 — 312359MAR21) C 6882/20
虹桥机场所有国际及地区航班（包含公务机）全部转场至浦东机场运营, ZSSS
保留虹桥机场国际及地区航班备降功能.

ZSOF/合肥/新桥/HFE

ILS不工作

(012041MAR21 — 030800MAR21) C 1004/21
RWY33 ILS 仅供测试, 不可使用, 因校飞. ZSOF

机场不接收备降

(200000FEB21 — 200700MAY21) C 0735/21
0000-0700 DLY
机场不接收备降航班, 紧急情况除外, 因施工. ZSOF

导航设施不工作(非ILS)

(012041MAR21 — 030800MAR21) C 1003/21
RWY33 DME 'IXQ' CH22X 仅供测试, 不可使用, 因校飞. ZSOF

(011731MAR21 — 082359SEP21) C 0995/21
骆岗VOR/DME HFE 116.7MHZ/CH114X不提供使 用, 因施工. ZSOF

灯光设施限制

(012200MAR21 — 020700MAR21) C 1012/21
RWY33 PAPI 不工作, 因故障. ZSOF

滑行道关闭

(200000FEB21 — 200700MAY21) C 0734/21
0000-0700 DLY
下列滑行道关闭, 因施工: ZSOF
1.A6 滑行道与A7 滑行道之间的A 滑行道;
2.A6 滑行道.

(200000FEB21 — 200700MAY21) C 0733/21
0000-0700 DLY
A4 滑行道与A6 滑行道之间的A 滑行道关闭, 因施工. ZSOF

(200000FEB21 — 200700MAY21) C 0732/21
0000-0700 DLY
A5 滑行道关闭. ZSOF

(200000FEB21 — 200700MAY21) C 0731/21

0000-0700 DLY
下列滑行道关闭，因施工： ZSOF
1.A7 滑行道与A8 滑行道之间的A 滑行道.

(200000FEB21 — 200700MAY21) C 0730/21
0000-0700 DLY
A8 滑行道关闭. ZSOF

机场运行标准变更

(250000APR19 — PERM) C 2254/19
参阅国内航空资料汇编补充资料（航图手册）05/2019合肥/新桥机场， ZSOF
ZSOF-5B(2019-3-15)，ZSOF-5D(2019-3-15) ，
ILS/DME RWY15/33运行最低标准更改如下:
1.ILS/DME RWY15

	A	B	C	D
DA(H)	121 (60)	121 (60)	121 (60)	121 (60)
	400''/(200'')	400''/(200'')	400''/(200'')	400''/(200'')
RVR/VIS	550/800	550/800	550/800	550/800

2. ILS/DME RWY33

	A	B	C	D
DA(H)	123 (60)	123 (60)	123 (60)	123 (60)
	410''/(200'')	410''/(200'')	410''/(200'')	410''/(200'')
RVR/VIS	550/800	550/800	550/800	550/800

其余不变.

机场限制

(200701FEB21 — 202359MAY21) C 0736/21
0701-2359
机场不接收翼展大于56 米的备降航班，紧急情况除外，因施工. ZSOF

(200000FEB21 — 200700MAY21) C 0728/21
0000-0700 DLY
不接受在跑道上180 度转弯所需最小道面宽度在45 米（不含） ZSOF
以上或无法在跑道上180 度转弯调头的机型起降，紧急情况除外.

其它类

(200000FEB21 — 200700MAY21) C 0737/21
0000-0700
本场不停航施工,施工区域如下: ZSOF
1.跑道中心线以西213米至520米,33 号跑道入口以北2,145米,H滑行道中心线以南40米所围成的区域;
2.跑道中心线以西233.5米至435米,33号跑道入口以北307米至2,145米所围成的矩形区域.
3.跑道中心线以西233.5米至302米,33 号跑道入口以南155米至33号跑道入口以北115米所围成的矩形区域;
4.跑道中心线以西302米至410米,33 号跑道入口以南80米至33号跑道入口以北154 米所围成的矩形区域.
施工区域四周设置围挡,高2.0000-0700
E) 5米,围挡上悬挂警示标志物,夜间设置红色警示灯.

(200000FEB21 — 200700MAY21) C 0729/21
0000-0700 DLY
本场不停航施工，施工区域如下: ZSOF
1. 跑道中心线以西201.5 米至233.5 米，
33 号跑道入口以北307 米至2,145 米 所围成的矩形区域;
2. 跑道中心线以西233.5 米至435 米，
33 号跑道入口以北12 米至115 米所 围成的矩形区域.
施工区域设置警示标识.

(250000APR19 — PERM) C 2252/19
参阅国内航空资料汇编补充资料（航图手册）05/2019合肥/新桥机场， ZSOF
ZSOF-5B(2019-3-15)增加HUD特殊I 类着陆标准，需局方批准，
(DH)(45)/(148''), (RA)(54)/(177''),RVR 450
ZSOF-5D(2019-3-15)增加HUD特殊I类着陆标准，需局方批准，
(DH)(45)/(148''), (RA)(46)/(151''),RVR 450.

(250000APR19 — PERM) C 2214/19
参阅国内航空资料汇编航图手册补充资料05/2019合肥/ ZSOF
新桥机场ZSOF-5B(2019-3-15),ZSOF-6A(2019-3-15),
PEDNU至NOKUL磁航线角修改为107度，其余不变。

ZUCK/重庆/江北/CKG

跑道关闭

(010200MAR21 — 090600MAR21) C 0827/21
0200-0600 DLY
RWY 02R/20L 关闭，航空器从B1 、E10 滑行道穿越该跑道不受限，因维护. ZUCK

(010200MAR21 — 090600MAR21) C 0826/21
0200-0600 DLY
RWY 02L/20R 关闭，航空器从B1、A11 滑 行道穿越该跑道不受限，因维护. ZUCK

ILS不工作

(281004DEC20 — 202359MAY21) C 6312/20
以下程序不提供使用: ZUCK
CAT- II ILS/DME Y RWY02L 仪表进近程序.
RNAV CAT- II ILS/DME Z RWY02L 仪表进近程序.

导航设施不工作(非ILS)

(081006FEB21 — 282359MAY21) C 0653/21
RWY02L DME 'IWX' CH34X 不提供使用，因设备更新. ZUCK

滑行道关闭

(010200MAR21 — 090600MAR21) C 0828/21
0200-0600 DLY
以下滑行道关闭,因维护: ZUCK
1. A1滑行道与A11滑行道之间的B滑行道;
2. B1滑行道与A11滑行道之间的C 滑行道;
3. A滑行道以东的A2-A10 滑行道;
4. B滑行道以东的B2、B3 滑行道;

5. B滑行道与D滑行道之间的B4滑行道；
6. C1-C10、B5-B8滑行道；
7. D滑行道以西的Z1、E1-E3、E6-E8、D1-D4滑行道；
8. C滑行道与D滑行道之间的E9滑行道.
以上关闭滑行道的中线灯和边线灯仍处于开启状态，但不提供使用.
请机组在滑行过程中注意不适用地区标志物及警示灯，以防止误入关闭区域.

其它类

(010600MAR21 — 312359MAY21) C 0797/21 ZUCK
本场及周边有鸟类活动，需重点关注的鸟类有迁徙鸟（0-1500米，夜间迁徙）、鸽子（10 米-200 米，清晨和上午活动明显）和本场栖息鸟类（0-100 米，全天候活动）等. 请过往机组注意观察.
本场持续开展驱鸟工作， 确保飞行安全.
//情报员备注//请机组注意。

(081006FEB21 — 282359MAY21) C 0654/21 ZUCK
以下程序不提供使用：
CAT-I ILS/DME Y RWY02L 仪表进近程序.
RNAV CAT-I ILS/DME Z RWY02L 仪表进近程序.

(111941DEC20 — PERM) C 5987/20 ZUCK
参阅NAIP ZUCK AD 2.12 跑道物理特征中跑道端安全区长宽更改：
RWY20L 跑道端安全区长宽(M)：由240X120 改为220X120.

(111937DEC20 — PERM) C 5986/20 ZUCK
参阅NAIP ZUCK AD 2.12 跑道物理特征中跑道端安全区长宽更改：
RWY02R 跑道端安全区长宽(M)：由240X120 改为220X120.

(150000DEC20 — PERM) C 5916/20 ZUCK
在重庆地区（成都06 号、07 号及19 号扇区和重庆进近管制区）
雷达和ADS-B 监视信号同时有效覆盖范围内，高度8,400 米（不含）
以下实施雷达和ADS-B 管制融合运行. 当与ADS-B 运行相关的机载设备
工作不正常时，航空器驾驶员应及时向管制员报告.

(181634DEC19 — PERM) C 5466/19 ZUCK
RWY20R LOC 限制性使用更改为：航向信标前航道21 海里以外不可用.

(031019JAN12 — PERM) C 0016/12 ZUCK
重庆市沙坪坝区，施放直径为2 米的白色乳胶气象探空气球. 施 放位置
:2935N10628E.
每日分三次施放，其具体时间 为:01:15,07:15 和19:15.
GND 28000M AGL

ZHHH/武汉/天河/WUH

跑道关闭

(020001MAR21 — 040600MAR21) C 0747/21
00:01-06:00 DLY
RWY 04L/22R 关闭，因道面应急抢修. ZHHH

滑行道关闭

(020001MAR21 — 040600MAR21) C 0748/21
00:01-06:00 DLY
以下滑行道关闭，因道面应急抢修: ZHHH
1.B1 滑与C11 滑之间的B 滑行道.
2.C12 滑与C13 滑之间的B 滑行道.
3.B1,B4,B5,B8,B9,B10,B12 滑行道.

(220941FEB21 — 151900APR21) C 0681/21
以下滑行道关闭，因施工. ZHHH
1.D14 滑以北的D 滑.
2.D16 滑.

(281946DEC20 — 302359JUN21) C 4871/20
P14 滑行道关闭. ZHHH

(151058DEC20 — 011900MAY21) C 4590/20
C13 滑行道关闭. ZHHH

(151057DEC20 — 011900MAY21) C 4589/20
519 机位以北的P12 滑行道关闭. ZHHH

障碍物

(241503DEC20 — 302359JUN21EST) C 4783/20
武汉绿地中心建设项目障碍 物，位于武汉天河机场基准点磁方位155 度， ZHHH
距离24.3KM，海拔高度534.8 米，坐标:N303509E1141903.

(241458DEC20 — 312359MAR21EST) C 4781/20
武汉瑞安天地项目，位于武汉天河机场基准点磁方位159 度， ZHHH
距离21.3KM，塔吊最高点海拔高度458 米,坐标:N303639E1141813.

(161303DEC20 — 192359MAY21EST) C 4629/20
新增障碍物任应湾电力铁塔， ZHHH
位于天河机场基准点磁方位044 度，距离11.07KM，海拔高度128.71 米，
坐标:N305151E1141641.

机场限制

(060001FEB21 — 082359MAR21) C 0545/21
本场不接受非基地航空公司翼展大于52 米的航空器停场超过24 小时， ZHHH
紧急情况除外，因本场机位不足.

其它类

(220942FEB21 — 151900APR21) C 0682/21
隔离机位关闭，因施工. ZHHH

(281949DEC20 — 302359JUN21) C 4873/20
314 号停机位关闭. ZHHH

(281948DEC20 — 302359JUN21) C 4872/20
以下停机位关闭: ZHHH
1.505-507 停机位;
2.531-537 停机位。

(040700JAN21 — 302359JUN21) C 4811/20 ZHHH
武汉天河机场实施平行跑道 独立离场运行。独立平行离场时，向北运行，经UBGIV的ENLAB 方向，BIVIP方向，XSH方向出港的航空器主要使用04R 跑道，经UBGIV 的REVKU方向，LKO方向，WTM方向出港的航空器主要使用04L跑道；向南运行，UBGIV方向，BIVIP方向，XSH方向，WTM方向出港的航空器主要使用22R 跑道，LKO方向出港的航空器主要使用22L 跑道.
//情报员备注//请机组和放行人员注意。

(161447DEC20 — 192359MAY21EST) C 4632/20 ZHHH
因障碍物影响，以下程序暂停使用:
1. ILS/DME Y RWY22R GP INOP 程序.
2. RNP RWY22R LNAV 程序.
3. RNP ILS/DME Z RWY22R GP INOP 程序.

(161500DEC20 — 011900MAY21) C 4591/20 ZHHH
518，519，520 号停机位关闭.

(301055NOV19 — PERM) C 4713/19 ZHHH
RWY04R LOC 'IWF' 111.5MHZ 按二类仪表着陆标准运行.

ZPKM/昆明飞行情报区

航路禁航

(281011SEP20 — 282359MAR21) C 4799/20 ZPKM
成都拉萨航线运行要求:
1. 沿B213航线KAMAX-拉萨VOR (LXA)航段、W9航线、H87航线PARGU-P211航段飞行的航空器，在按照管制员指令守听VHF频率的同时，须主动长守HF，成都区域: HF8831KHZ；拉萨区域: HF8873KHZ；成都区域与拉萨区域共用夜频: HF6682KHZ.
2. 航空器在邦达VOR (DCH)以西原则上 不得向南绕航，邦达VOR (DCH)-P79-P211航段原则上不得向西绕航，若确需 绕航，必须征得管制员同意，并严格按管制员指令绕飞.
3. 由双流机场和拉萨机场起飞沿B213航线KAMAX-拉萨VOR (LXA)航段、W9航线飞行的航空器，在向成都双流塔台管制室和拉萨塔台管制室申请开车时，需主动报告航空器ADS-B能力.

//情报员备注//请机组注意。

B213 KAMAX-LXA 影响下列公司航线:
正班使用航线:
ZBAAZULS002(B213 KAMAX-LXA) ZBAAZUNZC01(B213 KAMAX-KADSA) ZBTJZUBDC01(B213 KAMAX-RG)
ZUCKZULS001(B213 KAMAX-LXA) ZUHYZULS001(B213 KAMAX-LXA) ZUUUVNKT001(B213 KAMAX-LXA)
ZUUUZUBD001(B213 KAMAX-RG) ZUUUZULS001(B213 KAMAX-LXA) ZUUUZUNZ001(B213 KAMAX-KADSA)
ZUUUZURKC01(B213 KAMAX-LXA)
备份使用航线:
ZUBDZULSZ01(B213 PARGU-LXA)

W9 DM-KDJ 影响下列公司航线:
正班使用航线:
VNKTZUUU001(W9 DM-VIPIB) ZUBDZUUU001(W9 DCH-VIPIB) ZULSZBAA002(W9 DM-VIPIB)
ZULSZUCK001(W9 DM-VIPIB) ZULSZUHY001(W9 DM-VIPIB) ZULSZUUU001(W9 DM-VIPIB)
ZUNZZBAAC01(W9 ELNUN-VIPIB) ZUNZZUUU001(W9 ELNUN-VIPIB) ZURKZUUUC01(W9 DM-VIPIB)
备份使用航线:
ZUBDZLXYZ01(W9 DCH-VIPIB) ZUBDZUCKZ01(W9 DCH-VIPIB) ZUBDZUGYZ01(W9 DCH-VIPIB)
ZULSZPDQZ01(W9 DM-DCH) ZULSZPPPZ01(W9 DM-DCH) ZULSZUBDZ01(W9 DM-DCH)
ZULSZUGYZ01(W9 DM-VIPIB) ZULSZUMYZ01(W9 DM-VIPIB) ZUNZZLXYZ01(W9 ELNUN-VIPIB)
ZUNZZPPPZ01(W9 ELNUN-DCH) ZUNZZUCKZ01(W9 ELNUN-VIPIB) ZUNZZUGYZ01(W9 ELNUN-VIPIB)
ZURKZUCKZ01(W9 DM-VIPIB) ZURKZUGYZ01(W9 DM-VIPIB) ZURKZUMYZ01(W9 DM-VIPIB)
ZURKZUNCZ01(W9 DM-VIPIB) ZURKZUUUZ01(W9 DM-VIPIB)

H87 PARGU-P211 影响下列公司航线:
备份使用航线:
ZUBDZPPPZ01(H87 DCH-P211) ZUBDZULSZ01(H87 DCH-PARGU) ZULSZPDQZ01(H87 DCH-P211)
ZULSZPPPZ01(H87 DCH-P211) ZUNZZPPPZ01(H87 DCH-P211)

<u>导航设施不工作(非ILS)</u>

(261638FEB21 — 312359MAR21) C 0823/21
叙永VOR/DME 'XYO' 116.7MHZ/CH114X 不提供使用, 因施工. ZPKM

(281807DEC20 — 312359MAR21) C 6342/20
涪陵NDB 'JH' 295 KHZ 不提供使用, 因故障. ZPKM

<u>其它类</u>

(250000FEB21 — 242359AUG21) C 0686/21
拉萨区域管制区范围实施ADS-B 管制运行: ZPKM
1、实施范围:
区域管制水平范围:
N322014E0953541-N304246E0932132-N300214E0911024-N294910E0891540-
N282817E0874711-N280256E0881656-N285858E0892629-N285230E0923350-
N293425E0940744-N301039E0971939-N310900E0971030-N320600E0970000-
N322014E0953541连线范围内.
垂直范围:高度8,400米(含)-12,500米(含)之间.
2、运行期间,拉萨区域管制区内具备ADS-B能力的航空器机组应全程打开ADS-B功能, 并保证ADS-B发射机设置的航班识别信息(FLIGHT ID)与FPL报编组7内航班识别呼号(ACID)完全一致.
3、航空器营运人应在FPL报编组10中明确其所运营的航空器是否具备 1090ES 的ADS-B OUT及以上能力，并对其正确性负责.
4、当与ADS-B运行相关的机载设备工作不正常时，
航空器驾驶员应及时向管制员报告.
5 、需在拉萨区域管制区内运行 的不具备ADS-B能力航空器，
将被 限制运行.原则上管制员将安排 该航空器在8,400米(不含)以下或
12,500米(不含)以上的高度层飞行.
6 、专机及重要任务飞行、国家 航空器、抢险救灾和急救飞行
不受ADS-B运行条款限制.
//情报员备注//区域　影响下列公司航线:
正班使用航线
VNKTZULS001(B345 NONIM-LXA,DCT LXA-ZULS)
VNKTZUUU001(B345 NONIM-LXA,W500 LXA-DM,W9 DM-DOLGU)
ZBAAZULS001(Z3 YUS-TAPUN,W500 TAPUN-LXA,DCT LXA-ZULS)
ZBAAZULS002(B213 DOBSO-LXA,DCT LXA-ZULS)
ZBAAZUNZC01(B213 DOBSO-KADSA,W16 KADSA-ELNUN,J554 ELNUN-GMM)
ZBTJZUBDC01(B213 DOBSO-RG,J503 RG-DCH,DCT DCH-ZUBD)
ZUBDZUUU001(DCT ZUBD-DCH,W9 DCH-DOLGU)
ZUCKZULS001(B213 DOBSO-LXA,DCT LXA-ZULS)
ZUHYZULS001(B213 DOBSO-LXA,DCT LXA-ZULS)
ZULSZBAA001(DCT ZULS-LXA,W500 LXA-TAPUN,Z3 TAPUN-YUS)
ZULSZUHY001(DCT ZULS-LXA,W500 LXA-DM,W9 DM-DOLGU)
ZULSVNKT001(DCT ZULS-LXA,B345 LXA-NONIM)
ZULSZUCK001(DCT ZULS-LXA,W500 LXA-DM,W9 DM-DOLGU)
ZULSZUUU001(DCT ZULS-LXA,W500 LXA-DM,W9 DM-DOLGU)
ZULSZBAA002(DCT ZULS-LXA,W500 LXA-DM,W9 DM-DOLGU)
ZUNZZUUU001(J554 GMM-ELNUN,W9 ELNUN-DOLGU)
ZUNZZBAAC01(J554 GMM-ELNUN,W9 ELNUN-DOLGU)
ZURKZUUUC01(DCT ZURK-RKZ,B345 RKZ-LXA,W500 LXA-DM,W9 DM-DOLGU)
ZUUUVNKT001(B213 DOBSO-LXA,B345 LXA-NONIM)
ZUUUZUNZ001(B213 DOBSO-KADSA,W16 KADSA-ELNUN,J554 ELNUN-GMM)
ZUUUZULS001(B213 DOBSO-LXA,DCT LXA-ZULS)
ZUUUZUBD001(B213 DOBSO-RG,J503 RG-DCH,DCT DCH-ZUBD)
ZUUUZURKC01(B213 DOBSO-LXA,B345 LXA-RKZ,DCT RKZ-ZURK)
备份使用航线
ZUBDZPPPZ01(DCT ZUBD-DCH,H87 DCH-P79)
ZUBDZUCKZ01(DCT ZUBD-DCH,W9 DCH-DOLGU)
ZUBDZUGYZ01(DCT ZUBD-DCH,W9 DCH-DOLGU)
ZUBDZULSZ01(DCT ZUBD-ZULS,H87 DCH-PARGU,B213 PARGU-LXA)
ZUBDZLXYZ01(DCT ZUBD-DCH,W9 DCH-DOLGU)
ZULSZPDQZ01(DCT ZULS-LXA,W500 LXA-DM,W9 DM-DCH,H87 DCH-P79)
ZULSZPPPZ01(DCT ZULS-LXA,W500 LXA-DM,W9 DM-DCH,H87 DCH-P79)
ZULSZUMYZ01(DCT ZULS-LXA,W500 LXA-DM,W9 DM-DOLGU)
ZULSZUGYZ01(DCT ZULS-LXA,W500 LXA-DM,W9 DM-DOLGU)
ZULSZLYSZ01(DCT ZULS-ZLYS,W500 LXA-TAPUN,Z3 TAPUN-P341)
ZULSZURKZ01(DCT ZULS-ZURK,B345 LXA-RKZ)
ZULSZLXYZ01(DCT ZULS-LXA,W500 LXA-TAPUN,Z3 TAPUN-YUS)
ZULSZUBDZ01(DCT ZULS-ZUBD,W500 LXA-DM,W9 DM-DCH)
ZULSZLGMZ01(DCT ZULS-LXA,W500 LXA-DM,H86 DM-OQ)
ZULSZLXNZ01(DCT ZULS-LXA,W500 LXA-DM,H86 DM-OQ)
ZUNZZUCKZ01(J554 GMM-ELNUN,W9 ELNUN-DOLGU)

特别提醒机组首都机场进离场程序、地面滑行路线较复杂予以特别关注。
（3）在中国境内飞行的高度层使用公制计量，进出中国境内，注意高度层转换。RVSM空域按照中国AIP规 定的方式执行。
（4）在中国境内执行飞行任务时，应遵守全程收听121.5应急频率的规定，避免机组失去通信联系。
2.提醒各航空公司通过商业航班运输防疫物资中的危险品，如呼吸机中的锂电池、酒精类洗手液等，需符合ICAO《危险物品安全航空运输技术细则》（DOC 9284）的有关要求。
//情报员备注//请机组注意。

(010715JAN21 — 312045DEC21) C 6352/20
0715-0845 1915-2045 DLY
释放探空气球: ZPKM
1) 拉萨:N294000E0910800 2) 那曲:N312900E0920400
3) 林芝:N294000E0942000 4) 定日:N283800E0870500
5) 申扎:N305500E0884200 6) 昌都:N310900E0971000
那曲站气球重量1,600 克（球皮），加氢气、系绳、探空仪总重约4,500克，平均上升速度300 米/ 分至400 米/ 分，平均球炸高度为28,000 米至34,000 米;其他站的气球重量750 克(球皮)，加氢气、系绳、探空仪总重约3,250克,平均上升速度300米/分至400米/分，平均球炸高度为26,000 米至29,000 米，气球与悬挂物绳 长距离30 米.
SFC 34,000M AMSL
//情报员备注//请机组注意观察。

(281006SEP20 — 282359MAR21) C 4798/20
L888 航段成都段运行要求: ZPKM
沿L888 航段SANLI-PEXUN-LEVBA 航段飞行的航空器,在按照管制员指令守听VHF 频率的同时，须主动长守成都区域HF8831KHZ(08:00-20:00)，HF6682KHZ(20:00-08:00).
//情报员备注//不影响公司正班航路.

(300000MAY20 — PERM) C 2293/20
在昆明区域和昆明进近雷达和ADS-B 监视信号同时有效覆盖范围内，高度8,400 米 （ 不含） 以下实施雷达和ADS-B 管制融合运行. ZPKM

(300001APR20 — PERM) C 1655/20
贵阳管制区域范围内飞行高度6,000 米（ 含） 以下空域实施目视间隔. ZPKM
//情报员备注//请机组注意。

(100000APR20 — 092359APR21) C 1456/20
昆明情报区内以下雷达管制区实施缩小雷达管制水平间隔实验运行: ZPKM
1. 成都、重庆、昆明、贵阳区域管制区雷达管制水平间隔由不小于10 公里缩小为不小于9.3 公里(5.0 海里) ;
2. 成都、重庆、昆明、贵阳进近管制区雷达管制水平间隔由不小于6 公里缩小为不小于5.6 公里(3.0 海里).
//情报员备注//请机组注意。

(030000DEC20 — PERM) C 1011/20
航空资料通报06/2020 期（2020-12-1 ）中2.6节分类标准表格中C类航空器翼展限制由小于等于54 改为小于54 ，4.1节管制实验运行实施时间应从2020年 ZBPE ZGZU ZHWH ZJSA ZLHW ZPKM ZSHA

12 月3 日0 时（UTC）改为2020年12 月30 日16 时（UTC ），其余不变.

(1000000CT19 — PERM) C 4176/19

昆明管制区8,400 米（含）以上实施雷达和ADS-B 管制融合运行. ZPKM

(211915JUN19 — PERM) C 2590/19

SEE TEXT

释放探空气球: ZPKM

时间:甘孜、红原、达州、宜宾、西昌、巴塘,每日07:15-08:25、19:15-20:25; 温江,每日01:15-02:25、07:15-08:25、19:15-20:25

1) 甘孜: N313700E1000000
2) 红原: N324800E1023300
3) 温江: N304456E1035140
4) 达州: N311227E1073024
5) 宜宾: N284608E1043619
6) 西昌: N275400E1021600
7) 巴塘: N300000E0990600

平均上升速度约400 米/ 分,高度为地表至30,000M(AMSL), 升空时间70分钟左右, 气球总重量1.3KG, 颜色为 乳白色.

GND 30,000M AMSL

//情报员备注//请机组注意观察。

(251502MAY17 — PERM) C 1782/17

1. 所有境外民用航空器需要绕 航进入中国昆明管制区前, 航空器当时所在国家的民用飞行管 制部门必须向昆明区域管制室申请许可并通报航空器信息, 未 获得许可不得进入中国昆明管制区. ZPKM
2. 获得许可的所有境外民用航 空器绕航进入中国昆明管制区前, 必须主动与昆明区域管制室 建立通信联系.

ZHWH/武汉飞行情报区

导航设施不工作(非ILS)

(101645DEC20 — 091100MAR21) C 4513/20

浠水VOR/DME 'XSH '115.4MHZ/CH101X 不提供服务, 因台站周边电磁环境异常. ZHWH

其它类

(250000FEB21 — 102359MAR21) C 0069/21

(详情请参阅ZPKM/昆明飞行情报区) ZBPE ZGZU ZHWH ZJSA ZLHW ZPKM ZSHA

(250000FEB21 — 102359MAR21) C 0030/21

(详情请参阅ZPKM/昆明飞行情报区) ZBPE ZGZU ZHWH ZJSA ZLHW ZPKM ZSHA

(041001JAN21 — 312359MAR21EST) C 0008/21

(详情请参阅ZPKM/昆明飞行情报区) ZBPE ZGZU ZHWH ZJSA ZLHW ZPKM ZSHA

(241510DEC20 — 311500DEC21EST) C 4784/20

天门VOR/DME 'WTM' 108.8MHZ/CH25X 限制使用如下: ZHWH
1.085 度径向线顺时针至095 度径向 线之间（089 度径向线除外）不可用,
2.115 度径向线顺时针至135 度径向 线之间不可用,
3.165 度径向线顺时针至265 度径向 线之间不可用,
4.315 度径向线顺时针至075 度径向 线之间不可用,
5.229 度径向线不可用,
6.337 度径向线不可用,
7.242 度径向线15 海里以外不可用.

(201000NOV20 — 201000NOV21EST) C 4310/20
龙口VOR 'LKO' 115.8MHZ 限制性使用: VOR 050度径向线顺时针至080 ZHWH
度径向线 之间不可用.

(300001JUN20 — PERM) C 2010/20
郑州区域和郑州进近雷达管制范围实施雷达和ADS-B 融合运行: ZHWH
1. 主用监视手段: 雷达.
2. 辅助监视手段: 1090ES ADS-B OUT.
3. 运行期间,在郑州管制区（含郑州进近区域）运行的具备ADS-B能力的
航空器机组应全程打开ADS-B 功能，并保证ADS-B 发射机设置的航班识别
信息(FLIGHT ID) 与FPL 报编组7 内航班识别呼号(ACID) 完全相同.
4. 当与ADS-B 运行相关的机载设备不正常工作时，航空器驾驶员应及时
向管制员报告.

(300000JUN20 — PERM) C 2003/20
武汉区域和武汉进近雷达管制范围实施雷达和ADS-B 融合运行: ZHWH
1. 主用监视手段: 雷达.
2. 辅助监视手段: 1090ES ADS-B OUT.
3. 运行期间，在武汉管制区（含武汉进近区域）运行的具备ADS-B 能力的
航空器机组应全程打开 ADS-B 功能，并保证ADS-B 发射机设置的航班识别
信息(FLIGHT ID) 与FPL 报编组7 内航班识别呼号 (ACID) 完全相同.
4. 当与ADS-B 运行相关的机载设备不正常工作时，航空器驾驶员应及时向
管制员报告.

(240000JUN20 — PERM) C 1933/20
广州区域管制区以及上海区域管制区AR22 扇区（广州代管扇区） ZGZU ZHWH ZSHA
雷达管制范围内实施雷达与ADS-B 管制融合运行:
1. 水平间隔标准与雷达管制水 平间隔标准一致.
2. 对于具备ADS-B 运行能力的航空器，航空器驾驶员应保证ADS-B
发射机设置的航班识别信息(FLIGHT ID)
与FPL 报编组7 的航空器识别标志(ACID) 完全相同.
3. 当与ADS-B 运行相关的机载设备不正常工作时，
航空器驾驶员应及时向管制员报告.

(280000JAN21 — PERM) C 1078/20
新增荆州VOR/DME 导航台；调整V107，W156，W208 航线部分航段数据； ZHWH
内容如下:
荆州VOR/DME，识别/ 频率/ 波道/ 坐标:
DJZ/115.55MHZ/CH102Y/N301553E1122650.

航段	磁航迹	距 离	最低飞行高度	代号
荆州VOR- 恩施VOR	274/	274(148)	2,878M	V107
三峡VOR- 荆州VOR	114/294	99(53)	1,200M	W156

荆州VOR-GUGAM	098/278	71(38)	871M	W156
临澧VOR- 荆州VOR	041/221	127(69)	1,204M	W208
荆州VOR- 天门VOR	062/242	79(42)	871M	W208

(030000DEC20 — PERM) C 1011/20

(详情请参阅ZPKM/昆明飞行情报区) ZBPE ZGZU ZHWH ZJSA ZLHW ZPKM ZSHA

(071500DEC18 — PERM) C 4832/18

因流量管理需要，各航空公司拍发与中南地区(含广州，武汉，三亚情报区)有关航班预先计划的SITA 报文(PLN,CNL,CHG,MVT)中须增加中南运行管理中心地址:CANZPCA，如漏发地址造成的运行影响由航空公司自行承担. ZGZU ZHWH ZJSA

ZSHA/上海飞行情报区

公司通告

(110000OCT18 — PERM) CA 0041/18

执飞H114航路机组请注意: ZYSH ZSHA

根据《沪哈大通道（一期）空域优化方案宣贯会》会议精神指示，使用H114航路时需

注意:

1、如遇雷雨等特殊天气需偏航时，严禁向东偏置，以防进入他国空域;

2、如遇外机侦查，请机组严格听从ATC指挥，注意避让。

航路禁航

(251018APR19 — PERM) C 0504/19

ZSHA

1. 经上海情报区IKEKA,A591AGAVO 向东去往仁川情报区Y644RILRO 以远的航班,机组应在A591 航线IKEKA-AGAVO 航段实施向右偏置6 海里飞行,AGAVO 后保持偏置听从管制员指挥归航;
2. 经上海情报区DONVO,G597AGAVO 向东去往仁川情报区Y644RILRO 以远的航班,机组应接受管制员雷达引导在DONVO 后直飞RILRO 并归航.

//情报员备注//G597 DONVO-AGAVO 影响下列公司航线:
正班使用航线:
PHNLZBAAF11(G597 AGAVO-DONVO) RJAAZYTL001(G597 AGAVO-DONVO) RJBBZYTL001(G597 AGAVO-DONVO)
RJFFZYTL001(G597 AGAVO-DONVO) RJOAZYTL001(G597 AGAVO-DONVO) RKSIZYYJ001(G597 AGAVO-DONVO)
ZBAAKSFOF11(G597 DONVO-AGAVO) ZBAAKSFOF13(G597 DONVO-AGAVO) ZBAAKSFOP01(G597 DONVO-AGAVO)
ZBAAKSFOP02(G597 DONVO-AGAVO) ZBAAKSFOP03(G597 DONVO-AGAVO) ZBAAKSFOP04(G597 DONVO-AGAVO)
ZBAAKSFOP05(G597 DONVO-AGAVO) ZBAAKSFOP06(G597 DONVO-AGAVO) ZBAAKSFOP07(G597 DONVO-AGAVO)
ZBAANZAA001(G597 DONVO-AGAVO) ZBAANZAA002(G597 DONVO-AGAVO) ZBAAPHNL001(G597 DONVO-AGAVO)
ZBAAPHNLF11(G597 DONVO-AGAVO) ZBAAPHNLF13(G597 DONVO-AGAVO) ZBAAPHNLP01(G597 DONVO-AGAVO)
ZBAAPHNLP02(G597 DONVO-AGAVO) ZBAAPHNLP03(G597 DONVO-AGAVO) ZBAAPHNLP04(G597 DONVO-AGAVO)
ZBAAPHNLP05(G597 DONVO-AGAVO) ZBAARJAA001(G597 DONVO-AGAVO) ZBAARJBB001(G597 DONVO-AGAVO)
ZBAARJCC001(G597 DONVO-AGAVO) ZBAARJGG001(G597 DONVO-AGAVO)
ZBAARJTT001(G597 DONVO-AGAVO) ZBAARKPC001(G597 DONVO-AGAVO)
ZBAARKPK001(G597 DONVO-AGAVO) ZBAARKSI001(G597 DONVO-AGAVO) ZBAARKSS001(G597 DONVO-AGAVO)
ZBAAROAH001(G597 DONVO-AGAVO) ZBAAYBBN001(G597 DONVO-AGAVO)
ZBAAYSSY001(G597 DONVO-AGAVO) ZBTJRJBB001(G597 DONVO-AGAVO) ZBTJRKSI001(G597 DONVO-AGAVO)
ZBTJROAH001(G597 DONVO-AGAVO) ZUCKRKSI001(G597 DONVO-AGAVO) ZUUURKSI001(G597 DONVO-AGAVO)
ZYTLRJAA001(G597 DONVO-AGAVO) ZYTLRJBB001(G597 DONVO-AGAVO) ZYTLRJFF001(G597 DONVO-AGAVO)
ZYTLRJOA001(G597 DONVO-AGAVO) ZYYJRKSI001(G597 DONVO-AGAVO)
备份使用航线:
ZBAACYULA01(G597 DONVO-AGAVO) ZBAACYVRA06(G597 DONVO-AGAVO) ZBAAKEWRA01(G597 DONVO-AGAVO)
ZBAAKIADA01(G597 DONVO-AGAVO) ZBAAKIAHA02(G597 DONVO-AGAVO) ZBAAKJFKA01(G597 DONVO-AGAVO)
ZBAAKLAXA06(G597 DONVO-AGAVO) ZBAAKSFOA06(G597 DONVO-AGAVO) ZBAANZAAA02(G597 DONVO-AGAVO)
ZBAARPLLA01(G597 DONVO-AGAVO) ZBAAYMMLA01(G597 DONVO-AGAVO)
临时使用航线:
RJAAZYTLN01(G597 AGAVO-DONVO) RJGGZBAAN01(G597 AGAVO-DONVO) ZBAACYULT01(G597 DONVO-AGAVO)
ZBAAKIAHT01(G597 DONVO-AGAVO) ZBAAROAHN01(G597 DONVO-AGAVO) ZSPDRJAAN16(G597 DONVO-AGAVO)
ZBAARPLLN01(G597 DONVO-AGAVO)

其它类

(150000JAN21 — 302359JUN21EST) C 0131/21
ZSHA
增加下列班机航线:
(一)ZSNT,ZSCG,ZSYA 起飞经奔牛NDB'ZJ' G345 OLRIS R343 MADUK
至MADUK 以远的班机航线走向为:
ZSNT,ZSCG,ZSYA 起飞经奔牛NDB'ZJ' G345 PIMUS V11 DOGVI W545
VEMEX W73 MADUK 后加入现行班机航线走向.
(二)ZSWX 起飞经SASAN R343 MADUK 至MADUK以远的班机航线走向为:
ZSWX 起飞经SASAN W161 无锡VOR'VMB' V11 DOGVI W545 VEMEX W73
MADUK 后加入现行班机航线走向.
上述新增班机航线为主用,领航计划报按上述新增走向拍发.
如有临时变化,听从管制指令.
//情报员备注//公司正班航线ZSCGZUCKC01、ZSCGZUUU001已按通告要求调整完毕

(250000FEB21 — 102359MAR21) C 0069/21
(详情请参阅ZPKM/昆明飞行情报区)
ZBPE ZGZU ZHWH ZJSA
ZLHW ZPKM ZSHA

(250000FEB21 — PERM) C 0044/21
ZSHA
新增强制报告点P573,P574,P575,ELRER;取消报告点P252;
调整H17,H18,W19,X167航线 部分航段数据;内容如下:

P573坐标: N294033 E1164300, P574坐标: N281115 E1161122,
P575坐标: N293701 E1164209, ELRER坐标: N273035 E1153307.

航段	磁航迹	距离	最低飞行高度	代号
P36-P575	127/307	91(49)	1,844M	H17
P575-景德镇VOR	127/307	55(30)	1,398M	H17
向塘VOR-P574	140/320	38(20)	1,122M	H18
P574-XUVGI	140/320	104(56)	1,775M	H18
OSONO-ELRER	203/023	30(16)	1,769M	W19
ELRER-PANBO	203/023	84(45)	1,853M	W19
P468-P230	238/058	15(8)	2,283M	X167
P230-P573	238/058	44(24)	1,994M	X167
P573-EMRAL	238/058	107(58)	1,555M	X167

(250000FEB21 — 102359MAR21)
(详情请参阅ZPKM/昆明飞行情报区)

C 0030/21
ZBPE ZGZU ZHWH ZJSA
ZLHW ZPKM ZSHA

(041001JAN21 — 312359MAR21EST)
(详情请参阅ZPKM/昆明飞行情报区)

C 0008/21
ZBPE ZGZU ZHWH ZJSA
ZLHW ZPKM ZSHA

(221509DEC20 — 302359JUN21EST)

C 7399/20
ZSHA

增加下列班机航线:
(一) ZSSS, ZSPD, ZSNB, ZSZS起飞经PIKAS G330 UNTAN G345 OLRIS R343 骆岗VOR'HFE'B208阜阳VOR'FYG'至阜阳VOR'FYG'(含) 以远的班机航线走向为: ZSSS, ZSPD, ZSNB, ZSZS起飞经PIKAS G330 PIMOL V14 NOBEM W73 MADUK R343 骆岗VOR'HFE' B208阜阳VOR'FYG'后加入现行班机航线走向.
(二) ZSSS, ZSPD, ZSNB, ZSZS 起飞经PIKAS G330 UNTAN G345 OLRIS R343 MADUK W51 LEGIV W164 ADGOL W50浠水VOR'XSH'至浠水VOR'XSH' 以远的班机航线走向为:
ZSSS, ZSPD, ZSNB, ZSZS 起飞经PIKAS G330 PIMOL V14 NOBEM W73 MADUK W51 LEGIV W164 ADGOL W50浠水VOR'XSH'后加入现行班机航线走向.
(三) 骆岗VOR'HFE'以远经骆岗VOR'HFE'H2 P262 H46 OSONO W19蟠龙VOR'PLT' 至 ZSGZ 及蟠龙VOR'PLT'(不含)以远方向的班机航线走向为: 骆岗VOR'HFE' H2 P468 X167 EMRAL W105昌北VOR'NCH' H46 OSONO W19 蟠龙VOR'PLT'后加入现行班机航线走向.
(四) VILID以远经VILID H2 P262 H46 OSONO W19 PANBO J646至井冈山VOR 'JGS'落地的班机航线走向为:
VILID H2 P468 X167 EMRAL W105 昌北VOR'NCH' H46 OSONO W19 PANBO J646至井冈山VOR'JGS'.
(五) MADUK以远经MADUK W51 LEGIV W164 VILID H2 P262 H46 OSONO W19蟠龙VOR'PLT'至赣州及蟠龙VOR'PLT'(不含) 以远方向的班机航线走向为:
MADUK W51 LEGIV W164 VILID H2 P468 X167 EMRAL W105昌北VOR'NCH' H46 OSONO W19蟠龙VOR'PLT'后加入现行班机航线走向.
(六) P74以远至 半塔集NDB'OF'以远的班机航线走向为: P74以远经P74 H28 IDKOT X193 RUPUD A470半塔集NDB'OF'至半塔集NDB'OF'以远后加入现行班机航线走向;
(七) 半塔集NDB'OF'以远至P74 以远的班机航线走向为: 半塔集NDB'OF'以远经半塔集NDB'OF' X194 IDKOT H28 P74 至P74以远后加入现行班机航线走向.

上述新增班机航线为主用,领航计划报按上述新增走向拍发.
如有临时变化,听从管制指令.
//情报员备注//公司正班航路满足此通告要求。

(240000JUN20 — PERM) C 1933/20
(详情请参阅ZHWH/武汉飞行情报区) ZGZU ZHWH ZSHA

(030000DEC20 — PERM) C 1011/20
(详情请参阅ZPKM/昆明飞行情报区) ZBPE ZGZU ZHWH ZJ:
ZLHW ZPKM ZSHA

****
**********————————————以下是补充信息————————————**********
****

ZUUU/成都/双流/CTU

机载导航数据库通告

(250001FEB21 — 242359MAR21) DB 0252/21
该机场的客户化PBN程序已存在于标识为 ZUUU
CCA3XXXX0X/CA0XXXX00X/CA2XXXX00X/CA3XXXX00X/CA5XXXX00X/CA6XXXX00X/CA7XXXX00X/CA8XXXX00X机载导航数据库中
.
CCA3XXXX0X/CA0XXXX00X/CA2XXXX00X/CA3XXXX00X/CA5XXXX00X/CA6XXXX00X/CA7XXXX00X/CA8XXXX00X机载导航数据库中的此类程序数据经验证与NAIP数据不一致
:
1. 多个“建议高度”被编码为“+高度”。
2. 程序建议可用。
此验证结果在本通告生效时段内有效。

ZSSS/上海/虹桥/SHA

机载导航数据库通告

(250001FEB21 — 242359MAR21) DB 0230/21
该机场的客户化RNP APPROACH程序已存在于标识为 ZSSS
CCA3XXXX0X/CA0XXXX00X/CA2XXXX00X/CA3XXXX00X/CA5XXXX00X/CA6XXXX00X/CA7XXXX00X/CA8XXXX00X/J42-CHINA-AIR机载导航数据库中
.
CCA3XXXX0X/CA0XXXX00X/CA2XXXX00X/CA3XXXX00X/CA5XXXX00X/CA6XXXX00X/CA7XXXX00X/CA8XXXX00X/J42-CHINA-AIR机载导航数据库中的此类程序数据经验证与NAIP数据不一致:
1. 多个“建议高度”被编码为“+高度”。
2. 请人工控制速度满足进近要求。
3. 部分等待程序错误。
4. 程序建议可用。
此验证结果在本通告生效时段内有效。

ZSOF/合肥/新桥/HFE

机载导航数据库通告

(250001FEB21 — 242359MAR21) DB 0225/21

该机场的客户化PBN程序已存在于标识为 ZSOF
CCA3XXXX0X/CA2XXXX00X/CA3XXXX00X/CA6XXXX00X/CA7XXXX00X/CA8XXXX00X/J42-CHINA-AIR机载导航数据库中
。
CCA3XXXX0X/CA2XXXX00X/CA3XXXX00X/CA6XXXX00X/CA7XXXX00X/CA8XXXX00X/J42-CHINA-AIR机载导航数据库中的此类程序数据经验证与NAIP数据不一致:
1. 多个"建议高度"被编码为"+高度"。
2. 程序建议可用。
此验证结果在本通告生效时段内有效。

ZUCK/重庆/江北/CKG

机载导航数据库通告

(250001FEB21 — 242359MAR21) DB 0241/21
该机场的客户化RNP APPROACH程序已存在于标识为 ZUCK
CCA3XXXX0X/CA0XXXX00X/CA2XXXX00X/CA3XXXX00X/CA5XXXX00X/CA6XXXX00X/CA7XXXX00X/CA8XXXX00X机载导航数据库中
。
CCA3XXXX0X/CA0XXXX00X/CA2XXXX00X/CA3XXXX00X/CA5XXXX00X/CA6XXXX00X/CA7XXXX00X/CA8XXXX00X机载导航数据库中的此类程序数据经验证与NAIP数据不一致
:
1. 多个"建议高度"被编码为"+高度"。
2. 程序建议可用。
此验证结果在本通告生效时段内有效。

ZHHH/武汉/天河/WUH

机载导航数据库通告

(250001FEB21 — 242359MAR21) DB 0191/21
该机场的客户化RNP APPROACH程序已存在于标识为 ZHHH
CCA3XXXX0X/CA2XXXX00X/CA3XXXX00X/CA5XXXX00X/CA6XXXX00X/CA7XXXX00X/CA8XXXX00X/J42-CHINA-AIR机载导航数据库中
。
CCA3XXXX0X/CA2XXXX00X/CA3XXXX00X/CA5XXXX00X/CA6XXXX00X/CA7XXXX00X/CA8XXXX00X/J42-CHINA-AIR机载导航数据库中的此类程序数据经验证与NAIP数据不一致:
1. 多个"建议高度"被编码为"+高度"。
2. 部分等待错误。
3. 程序建议可用。
此验证结果在本通告生效时段内有效。

ZPKM/昆明飞行情报区

机载导航数据库通告

(200001AUG15 — PERM) DB 098/15
关于机载导航数据库中国内对外开放机场程序数据，由于对外公布程序与对内公布程序不一致，会导致航图资料部分程序中的点无法在机载导航数据库中找到，或机载导航数据库中存在与该点坐标一致，但名称不一致的情况。 ZWUQ ZLHW ZBPE ZYSH ZPKM ZHWH ZSHA ZGZU ZJSA
请机组注意核对相关数据，严格听从ATC指挥。

(200001AUG15 — PERM) DB 096/15

由于情报数据大量更新，而机载导航数据库的更新周期不匹配，会出现机载数据库没有航图公布的RNAV程序的现象发生。对于RNAV进离场，机组只能使用机载数据库中已有的进离场程序，对于机载数据库没有数据的RNAV进离场，机组要拒绝使用该进离场程序，并向管制员说明，要求提供可用的替代程序。

ZWUQ ZLHW ZBPE ZYSH ZPKM ZHWH ZSHA ZUZU ZJSA

(200001AUG15 — PERM) DB 001/15

为方便使用，自2015年9月17日起，纸版飞行计划中FMS ROUTE代号与机载导航数据库中公司航路代号均为如下对应关系：
纸版飞行计划中FMS ROUTE为：
起飞机场三字代码+落地机场三字代码+三位代号
对应机载导航数据库中为：
起飞机场四字代码+落地机场四字代码+FMS ROUTE代号中的非零数字。
例如：纸版计划中FMS ROUTE中为：PEK JFK/011，
对应机载导航数据库中公司航路为：ZBAAKJFK11。
请机组执行航班时注意相关调整。

ZWUQ ZLHW ZBPE ZYSH ZPKM ZHWH ZSHA ZGZU ZJSA

ZHWH/武汉飞行情报区

机载导航数据库通告

(200001AUG15 — PERM) DB 098/15

关于机载导航数据库中国内对外开放机场程序数据，由于对外公布程序与对内公布程序不一致，会导致航图资料部分程序中的点无法在机载导航数据库中找到，或机载导航数据库中存在与该点坐标一致，但名称不一致的情况。
请机组注意核对相关数据，严格听从ATC指挥。

ZWUQ ZLHW ZBPE ZYSH ZPKM ZHWH ZSHA ZGZU ZJSA

(200001AUG15 — PERM) DB 096/15

由于情报数据大量更新，而机载导航数据库的更新周期不匹配，会出现机载数据库没有航图公布的RNAV程序的现象发生。对于RNAV进离场，机组只能使用机载数据库中已有的进离场程序，对于机载数据库没有数据的RNAV进离场，机组要拒绝使用该进离场程序，并向管制员说明，要求提供可用的替代程序。

ZWUQ ZLHW ZBPE ZYSH ZPKM ZHWH ZSHA ZUZU ZJSA

(200001AUG15 — PERM) DB 001/15

(详情请参阅ZPKM/昆明飞行情报区)

ZWUQ ZLHW ZBPE ZYSH ZPKM ZHWH ZSHA ZGZU ZJSA

ZSHA/上海飞行情报区

机载导航数据库通告

(200001AUG15 — PERM) DB 098/15

关于机载导航数据库中国内对外开放机场程序数据，由于对外公布程序与对内公布程序不一致，会导致航图资料部分程序中的点无法在机载导航数据库中找到，或机载导航数据库中存在与该点坐标一致，但名称不一致的情况。
请机组注意核对相关数据，严格听从ATC指挥。

ZWUQ ZLHW ZBPE ZYSH ZPKM ZHWH ZSHA ZGZU ZJSA

(200001AUG15 — PERM) DB 096/15

由于情报数据大量更新，而机载导航数据库的更新周期不匹配，会出现机载数据库没有航图公布的RNAV程序的现象发生。对于RNAV进离场，机组只能使用机载数据库中已有的进离场程序，对于机载数据库没有数据的RNAV进离场，机组要拒绝使用该进离场程序，并向管制员说明，要求提供可用的替代程序。

ZWUQ ZLHW ZBPE ZYSH ZPKM ZHWH ZSHA ZUZU ZJSA

(200001AUG15 — PERM) DB 001/15

(详情请参阅ZPKM/昆明飞行情报区)

ZWUQ ZLHW ZBPE ZYSH ZPKM ZHWH ZSHA ZGZU ZJSA

机场RAIM数据

RAIM PREDICTION(Baro-Aided)
AIRPORT:ZHHH
MASKANGLE(degree):5.000000
RNP0.30: available from 2103010000Z to 2103040000Z
RNP1.00: available from 2103010000Z to 2103040000Z

RAIM PREDICTION(Baro-Aided)
AIRPORT:ZSOF
MASKANGLE(degree):5.000000
RNP0.30: available from 2103010000Z to 2103040000Z
RNP1.00: available from 2103010000Z to 2103040000Z

RAIM PREDICTION(Baro-Aided)
AIRPORT:ZSSS
MASKANGLE(degree):5.000000
RNP0.30: available from 2103010000Z to 2103040000Z
RNP1.00: available from 2103010000Z to 2103040000Z

RAIM PREDICTION(Baro-Aided)
AIRPORT:ZUCK
MASKANGLE(degree):5.000000
RNP0.30: available from 2103010000Z to 2103040000Z
RNP1.00: available from 2103010000Z to 2103040000Z

RAIM PREDICTION(Baro-Aided)
AIRPORT:ZUUU
MASKANGLE(degree):5.000000
RNP0.30: available from 2103010000Z to 2103040000Z
RNP1.00: available from 2103010000Z to 2103040000Z

附录 B MEL、CDL 运行限制

1. B-737 MEL 示例

项 目	修理周期	安装数量	放行所需数量	附注或例外
空调组件	C	2	1	（O）如果不是增程飞行，飞行高度保持在等于或低于 25 000 ft 可以一组不工作。
	C	2	0	（M）（O）如果不是增程飞行，可以两组都不工作，只要满足以下条件： 1. 不增压飞行； 2. 循环风扇都工作正常； 3. 两个电子设备冷却排气风扇工作正常，且； 4. 货舱保持空，或空货舱里只有货物装卸设备、飞机压舱物、随机器材或货物限制部件
防滞系统	C	1	0	（M）（O）可以失效，只要： 1. 使相应防滞通道被解除工作，且； 2. 按飞行手册规定操作； 3. 机场标高小于 1 600 m
气象雷达	C	1	0	可以飞行，但必须满足下列条件： 1. 白天目视飞行规则要求； 2. 航程不大于 1 h； 3. 有航路天气可靠的备降场
可预报的风切变	C	1	0	（O）可以失效，只要： 1. 建立并使用备用程序，并； 2. EGPWS 风切变告警和引导系统工作正常
警告模式	C	1	0	（O）可以失效，只要： 1. 建立并使用备用程序，并； 2. 起飞和降落不在已知或预报有风切变条件下进行
无线电罗盘系统（ADF）	D A	2 2	1 0	可以失效，但必须满足下列条件： 1. 两套 VOR/DME、ILS 和 IRS 工作正常； 2. 不能执行Ⅰ类、Ⅱ类、Ⅲ类标准； 3. VOR/DME 台能有效覆盖航路； 4. 已离开基地站； 5. 两个飞行日修复
停留刹车活门	C	1	0	（M）（O）只要营运时按照飞机飞行手册防滞失效减载，且机场标高小于 1 600 m，可以失效在关位

续表

项　目	修理周期	安装数量	放行所需数量	附注或例外
机翼防冰活门	C	2	0	（M）（O）除非增程飞行超过120 min，可以在关位不工作，只要飞机不在已知或预报结冰条件下飞行
	C	2	1	（M）（O）一个可以在开位不工作，只要： 1. 除启动发动机外，当外界温度高于50 °F（10 °C）时，把相关管路释压； 2. 当总管增压后，遵守相关发动机引气推力极限，且； 3. 当一个总管释压后，遵守空调和增压要求
发动机和进气道防冰活门	C	2	1	（M）除非增程飞行超过120 min，一个可以在关位不工作，只要飞机不在已知或预报结冰情况下飞行
	C	2	1	（M）（O）一个可以失效并锁在开位，只要： 1. 9级引气高压级活门锁在关位； 2. 外界温度低于100 °F（38 °C）； 3. 在结冰条件下飞行，相关发动机N1转速至少保持在60%N1； 4. 除起飞和复飞外，受影响的发动机所有推力额定极限值减小1.1%N1； 5. 航路爬升极限重量减少4 000 lb（1 810 kg）； 6. 当温度高于50 °F（10 °C）时，相关发动机的起飞和复飞极限推力及起飞和着陆性能极限重量减少： 额定功率　%N1　重量 18.0K　1.4　4 500 lb（2 040 kg） 20.0K　1.4　4 500 lb（2 040 kg） 22.0K　1.4　4 500 lb（2 040 kg） 24.0K　1.4　4 500 lb（2 040 kg） 26.0K　1.4　4 500 lb（2 040 kg） 27.0K　1.4　4 500 lb（2 040 kg） 7. 当温度等于或低于50 °F（10 °C）时，用基于发动机防冰打开时的性能极限重量
全温探头加温器	C	1	0	除非增程飞行超过120 min，可以不工作，只要飞机不在已知或预报结冰条件飞行
马赫/空速指示	C	2	1	只要一个马赫/空速警告及马赫配平系统工作正常，允许一个失效
马赫指示	C	2	0	可以不工作，只要： 1. 飞机保持在FL 280或以下高度飞行，且 2. 空速保持在或低于320 KIAS。
备用地平仪 1. 备用姿态	B	1	0	除增程飞行外，可以失效，只要： 1. 仅在昼间目视气象条件（VMC）飞行，并且； 2. 不能在已知或预计的云层上或云幕上进行飞行
2. ILS指示	D	1	0	

续表

项　目	修理周期	安装数量	放行所需数量	附注或例外
飞行指引系统	C	2	0	不是Ⅱ类、Ⅲ类运行，可以失效。
测距机系统	C	2	1	只要不是RNP运行，一部可以不工作。
ATC应答机和自动高度报告系统	D B	2 2	1 0	可以失效，但须满足如下条件： 1. 非国际地区航线或RVSM运行，且； 2. 飞行前通报空管部门，并得到许可
高度警告系统	A	1	0	（O）非RVSM运行，可以失效，只要： 1. 带高度保持方式的自动驾驶可用，并且； 2. 所飞航路运行时不要求使用； 3. 三个飞行日之内修复
选择呼叫系统（SELCAL）	C	1	0	（O）如建立并使用备用程序，可以不工作
	D	1	0	非国际、地区航线和海上飞行时，程序不要求使用时，可以不工作
ACARS系统 1. ACARS打印机 2. FMC接口功能	C D D C D	1 1 1 - -	0 0 0 0 0	（O）只要建立并使用备用程序，可以不工作。 只要程序不要求使用，可以不工作。 注：系统任何工作正常的部件可被使用 （O）只要建立并使用备用程序，可以不工作。 只要程序不要求使用，可以不工作。 注：系统任何工作正常的部件可被使用
发动机引气跳开灯	C	2	0	（O）除非增程飞行超过120 min，可以失效，只要： 1. 相关发动机引气除发动机起动外不使用，并且； 2. 飞机不得在已知或预报结冰区内飞行
辅助动力装置	C	1	0	（O）除非增程飞行，可以不工作，只要： 1. 程序中不要求使用它，并且； 2. 目视证实在APU的排气区域没有损坏
旅客氧气系统	B	1	0	（M）（O）可以失效，只要满足下列条件： 1. 不在最低航线高度为海平面14 000 ft以上的地区飞行； 2. 两个空调组件工作正常； 3. 保持增压系统部件工作正常； 4. 飞机保持在或低于高度25 000 ft（FL250）飞行； 5. 手提氧气瓶组件可向10%的旅客提供氧气； 6. 向旅客作了适当的通告
	B	1	0	可以不工作，只要飞机保持在或低于海平面10 000 ft飞行
反推系统	C	2	1	（M）（O）一个可以失效，只要： 1. 反推被锁定在前推力位置，且； 2. 作相应的性能修正

2．A-320 MEL 示例

A319/A320/A321 最低设备清单	MEL 项目 21-空调 21-51 组件流控制

21-51-01	组件流量控制活门

适用于：MSN 05-40-2348，2510-2639

25-51-01A 一个不工作的活门被固定在关闭位

修理间隔	安装数量	所需数量	标牌
C	2	1	无

（m）一个可以不工作，但要求：

1）不执行 ETOPS，且

2）受影响的组件流量控制活门固定在关闭位，且

3）相关的空调组件被视为不工作。

参阅项目 21-52-01 空调组件

——————————参阅——————————

（m）参阅飞机维护手册 21-51-00-040-001

21-51-01B 非增压飞行

修理间隔	安装数量	所需数量	标牌
C	2	0	无

可以两个不工作，但要求：

1）客舱压力人工控制系统是工作的，且

2）飞行时不增压。

参阅 FOCM/PRO-SPO-20 无客舱增压时的飞行

21-51-02	组件流量选择

适用于：全部

21-51-02A

修理间隔	安装数量	所需数量	标牌
C	2	0	有

可以不工作。

A319/A320/A321 最低设备清单	MEL 项目 32-起落架 32-42 正常刹车

32-42-01	主轮刹车

适用于：全部

32-42-01A

修理间隔	安装数量	所需数量	标牌
C	4	3	无

(o)(m)一个可以不工作，但要求：

1）前轮转弯是工作的，且

2）两个反推是工作的，且

3）绿系统和黄系统可为工作的刹车提供液压，且

4）受影响的刹车已锁定或拆除，且

5）起飞和着陆机场的跑道宽度至少为 45 米，且

6）执行飞行手册性能损失程序，且

7）目的地机场为高高原机场的起飞站，不允许失效。

——————————参阅——————————

(o)参阅操作程序 32-42-01A 主轮刹车

(m)参阅飞机维护手册 32-42-00-040-003

32-42-02	绿系统刹车

适用于：全部

32-42-02A

修理间隔	安装数量	所需数量	标牌
C	1	1	无

(o)(m)一个机轮刹车可以不工作，但要求：

1）前轮转弯是工作的，且

2）两个反推是工作的，且

3）断开受影响刹车的绿液压系统供应，且

4）起飞和着陆机场的跑道宽度至少为 45 米，且

5）执行飞行手册性能损失程序，且

6）目的地机场为高高原机场的起飞站，不允许失效。

——————————参阅——————————

(o)参阅操作程序 32-42-02A 绿系统刹车

(m)参阅飞机维护手册 32-42-00-040-002

A319/A320/A321 最低设备清单	MEL 项目 49-机载辅助动力 49-10-动力装置

49-10-01	动力装置（APU）

适用于：全部

49-10-01A 非 ETOPS 飞行

修理间隔	安装数量	所需数量	标牌
C	1	0	有

（o）可不工作，但要求：

1）不执行 ETOPS，且

2）目的地机场为高高原机场的起飞站，不允许失效。

——————————参阅——————————

（o）参阅操作程序 49-10-01A 动力装置（APU）

49-10-01B 120 分钟的 ETOPS 飞行

修理间隔	安装数量	所需数量	标牌
A	1	0	有

（o）可以四个航段不工作，但要求：

1）不执行超过 120 分钟的 ETOPS，全

2）目的地机场为高高原机场的起飞站，不允许失效。

——————————参阅——————————

（o）参阅操作程序 49-10-01B 动力装置（APU）

49-10-01C APU 被断开或拆除

修理间隔	安装数量	所需数量	标牌
D	1	0	有

（o）（m）可以不工作，但要求：

1）不执行 ETOPS，且

2）APU 被断开或拆除，且

3）目的地机场为高高原机场的起飞站，不允许失效。

——————————参阅——————————

（o）参阅操作程序 49-10-01C 动力装置（APU）

（m）参阅飞机维护手册工卡

3. A-320 CDL 示例

A318/319/320/321 FLIGHT MANUAL	**APPENDICES AND SUPPLEMENTS** CONFIGURATION DEVIATION LIST	6.01.52 P 09	
		17 OCT 07	REF 01

DGAC APPROVED

52-DOORS

PART DESCRIPTION	NORMAL QTY	REMARKS AND OR EXCEPTIONS
9 - NOSE LANDING GEAR MAIN DOORS (713, 714)	2	(m) May be missing provided both main doors {713, 714} are removed and both aft doors {715, 716} are removed. *Note: May be cumulated with CDL item 52-11.* • Limitations - Passengers transportation is not allowed. - Flight with landing gear down is required {FM 6.03.02}. - Maximum speed is 220 kt IAS/M = 0,5. • Performance The following performance penalties are applicable: *Note: Reference performance for penalties computations are performance with landing gear down.* - Takeoff and approach climb perfomance limiting weights are reduced by 918 kg. - One engine inoperative net ceiling is reduced by 1000 ft. - Fuel consumption is increased by 2%.

R Refer to AMM 32-22

FOR INFORMATION ONLY

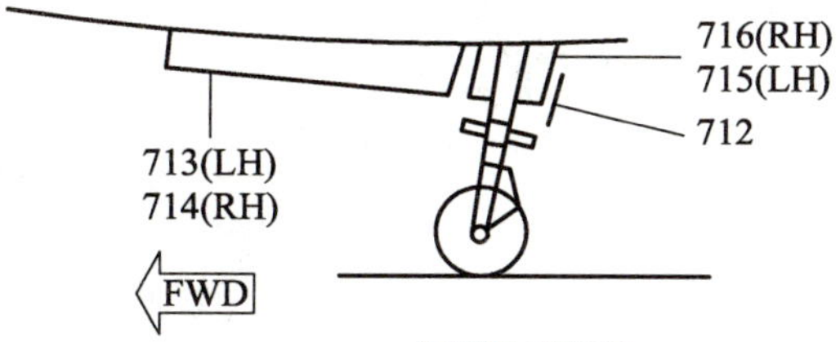

NOSE GEAR

A318/319/320/321 FLIGHT MANUAL	APPENDICES AND SUPPLEMENTS CONFIGURATION DEVIATION LIST	6.01.57 P 01	
		18 OCT 07	REF 05

DGAC APPROVED

57-WINGS

PART DESCRIPTION	NORMAL QTY	REMARKS AND OR EXCEPTIONS
R 1 - Wing tip fences A) Lower part of wing tip fence	2	(m) One may be missing provided the broken part is removed and holes are covered. • Performance The following performance penalities are applicable: - Takeoff and approach climb performance limiting weights are reduced by 3608 kg. - One engine inoperative net ceiling is reduced by 378 ft. - Fuel consumption is increased by 0.88%.
B) Complete wing tip fence		(m) one may be missing provided exposed interior structure is covered, protective material is inspected before each flight and replaced if necessary. • Performance The following performance penalties are applicable: - Takeoff and approach climb performance limiting weights are reduced by 8118 kg. - One engine inoperative net ceiling is reduced by 756 ft. - Fuel consumption is increased by 1.69%.

FOR INFORMATION ONLY

Refer to AMM 57-31-00

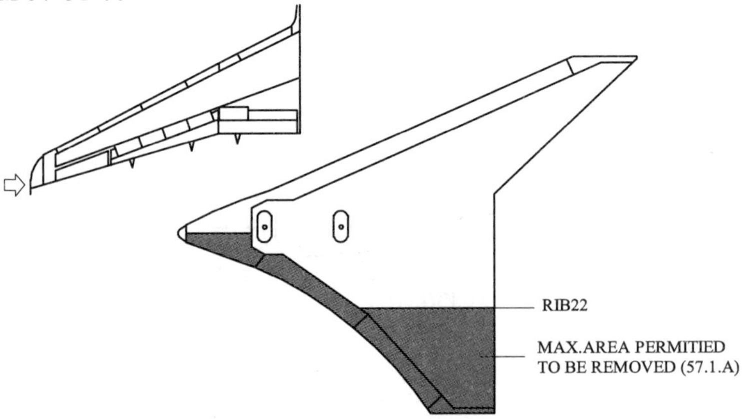

附录C 境内特殊机场示例

地区	序号	机场名	特殊机场的构成原因	
			通告标准描述	特征具体描述
华北地区	1	阿尔山/伊尔 ZBES	机场净空条件差	1. 机场位于山谷中； 2. 起飞离场和进近着陆梯度大
华东地区	2	武夷山 ZSWY	机场净空条件差	1. 机场位于河谷； 2. 01 号跑道 LOC 偏置角 2°； 3. 跑道道面灰暗、反差小
中南地区	3	神农架/红坪 ZSAN	1. 机场周围地形复杂； 2. 机场当地气象条件复杂	1. 机场云高和能见度多变，多乱流；2. 冬春季存在冻雨、冻雾天气
西南地区	4	大理/荒草坝 ZPDL	1. 机场周围地形复杂； 2. 机场当地气象条件复杂； 3. 飞行程序操作难度大	1. 机场临近洱海，西侧进近存在颠簸，五边经常有下沉气流和风切变；2. 35 号跑道 VOR/DME 进近程序下降梯度大且与中心线有 7°夹角
	5	腾冲/驼峰 ZPTC	机场当地气象条件复杂	1. 机场周围多乱流和风切变； 2. 相对于机场标高，机场跑道长度较短
	6	临沧/博尚 ZPLC	1. 机场净空条件差； 2. 机场气象条件复杂	1. 机场位于山腰； 2. 跑道南北两端 0～20 公里附近气流紊乱，经常出现侧风； 3. 16 号跑道 LOC 偏置角 3°
	7	迪庆/香格里 ZPDQ	1. 机场净空条件差； 2. 机场当地气象条件复杂； 3. 飞行程序操作难度大	1. 机场位于河谷； 2. 机场周围多乱流和风切变，冬季多大雪、结冰天气； 3. 机场非常精密进近程序下降梯度大； 4. 34 号跑道起飞只能实施 RNP AR 程序
	8	丽江/三义 ZPLJ	1. 机场净空条件差； 2. 机场当地气象条件复杂； 3. 飞行程序操作难度大	1. 机场位于山腰； 2. 机场周围经常出现大风，多乱流和风切变； 3. 20 号跑道 ILS 进近程序下降梯度
	9	沧源/佤山 ZPCW	1. 机场净空条件差； 2. 机场当地气象条件复杂； 3. 机场空域环境复杂； 4. 飞行程序操作难度大	1. 机场位于山腰； 2. 机场周围多乱流和风切变； 3. 机场距离国境线较近，机组绕飞裕度小； 4. 05 号跑道 VOR/DME 进近程序受地形影响，中间进近航段和最后进近航段的夹角为 28°，五边对正距离较短； 5. 23 号跑道精密进近五边下方地形起伏较大，下滑道信号存在波动

附录 D 境外特殊机场示例

国家	序号	机场名	特殊机场的构图原因	
			通告标准描述	特征具体描述
美国	1	肯尼迪 KJFK	飞行程序操作难度大	1. 进近程序比较复杂； 2. 13L 和 13R 跑道进近着陆困难，操作难度大
	2	旧金山 KSFO	飞行程序操作难度大	1. 双跑道平行进近、跑道间距小，易触发 TCAS 告警； 2. 通信频率变换频繁
韩国	3	釜山 RKPK	1. 机场净空条件差； 2. 飞行程序操作难度大	1. 机场三面环山，离山较近； 2. 冬春季易发生平流雾； 3. 离场及复飞程序近距离转弯； 4. 18 号跑道只有目视盘旋程序
尼泊尔	4	加德满都 VNKT	1. 机场净空条件差； 2. 飞行程序操作难度大	1. 机场位于高原山地，周围地形复杂； 2. 离场程序复杂； 3. 只能单向仪表进近，复飞程序较为严格

附录 E 英制单位与国际单位换算

1 ft = 0.304 8 m

1 mile = 1 609 m

1 n mile = 1 852 m

1 kt = 1 852 m/h